CHARLES KOLB-BERNARD

1798-1888

SOUVENIRS INTIMES DE SON NEVEU L'ABBÉ

ERNEST LE LIEPVRE

(DES PETITES SŒURS DES PAUVRES)

HAVRE
IMPRIMERIE DU COMMERCE
3, RUE DE LA BOURSE, 3

1893

CHARLES KOLB-BERNARD

1798-1888

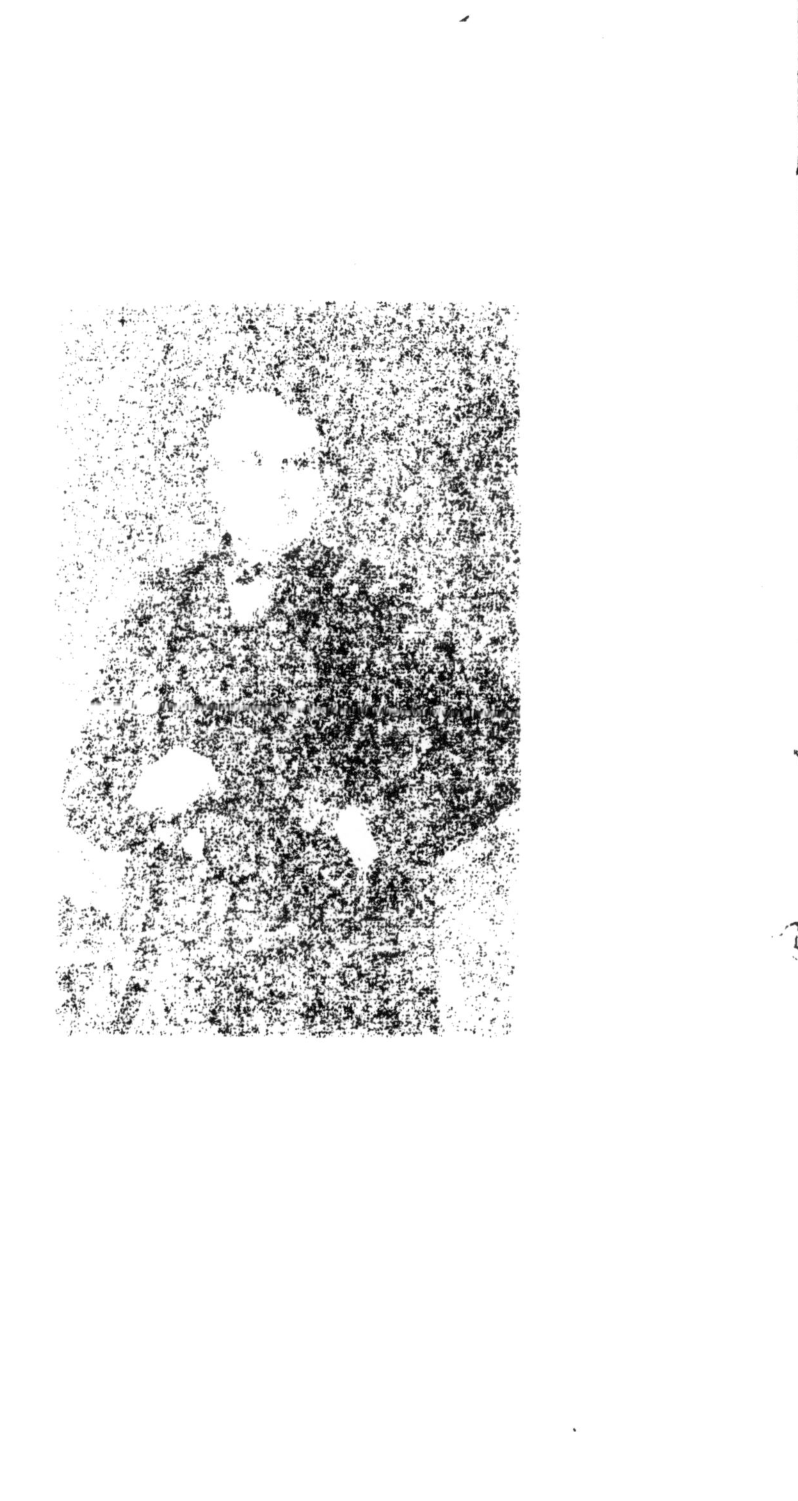

Charles KOLB-BERNARD

1798-1888

SOUVENIRS INTIMES DE SON NEVEU L'ABBÉ

ERNEST LE LIEPVRE

(DES PETITES SŒURS DES PAUVRES)

HAVRE

IMPRIMERIE DU COMMERCE

3, RUE DE LA BOURSE, 3

1893

Deux mois après la mort de M. Kolb-Bernard, sa fille aînée (Madame E. Masquelier) recevait les deux lettres suivantes de l'abbé Ernest Le Liepvre qu'elle avait prié de résumer pour elle quelques souvenirs personnels et qui, retenu par la maladie à la maison-mère des Petites Sœurs des Pauvres, s'était empressé de dicter rapidement ces quelques pages tout intimes.

Pour en faciliter la lecture aux plus jeunes membres de la famille, il a semblé utile de rappeler brièvement les liens de parenté unissant ceux des membres auxquels il est le plus particulièrement fait allusion.

Monsieur Charles Kolb-Bernard était fils de Monsieur Louis-Philippe Kolb et de Madame Anne-Marie Nicot dont les autres enfants furent:

Monsieur Henri Kolb ;

Monsieur Auguste Kolb ;

Madame Louise Maillot ;

Madame Marie Boursy ;

Mesdemoiselles Adèle, Emilie et Victoire Kolb.

Madame Sophie Kolb-Bernard était fille de Monsieur Auguste Bernard et de Madame Adèle Beaussier, dont les autres enfants furent :

Monsieur Gustave Bernard qui épousa successivement Cécile Beaussier, sa cousine, dont il eut une fille, et Adèle Mesdack de Kerchove, dont il eut trois filles et trois fils ;

Mesdames Adèle et Elise Bernard qui successivement épousèrent M. Ernest Le Liepvre, père de l'abbé Ernest, de Gustave, Paul, Maurice et Adrienne Le Liepvre, cette dernière épouse du général Georges Allard ;

Madame Justine d'Aubigny qui eut cinq fils et une fille.

Les enfants de Monsieur et Madame Kolb-Bernard furent :

Emilie, unie à Emile Masquelier ;

Armand, uni à Marguerite Halgan ;

Gabrielle, unie à Henry Baudier ;

Henriette, unie à Louis Baudier ;

Gustave, uni à Julie Hollande ;

Fernand, uni à Madeleine Sazerac de Forge.

Le beau-père de M. Kolb-Bernard eut pour frère et associé Monsieur Benjamin Bernard-Serret, dont les enfants furent :

Monsieur Alexandre Bernard-Charvet ;

Monsieur Henri Bernard-Charvet ;

Monsieur l'abbé Charles Bernard ;

Monsieur Louis Bernard-Févez ;

Monsieur Félix Bernard-Chombart ;

Monsieur Benjamin Bernard ;

Madame Julie Cuvelier-Bernard, dont les trois filles épousèrent Messieurs Couelly, Anatole de Ségur et d'Arjuzon.

La Tour, 1er août 1888.

Ma chère Cousine,

Pour répondre à vos pieux désirs, je viens fixer sur le papier quelques-uns des souvenirs qui me restent de la personne de votre père et des vertus dont il nous a laissé l'exemple. Ces souvenirs, semés sur tout le parcours d'une vie déjà longue et remontant jusqu'à ma petite enfance, ne présenteront aucune suite ; vous excuserez un décousu et des lacunes résultant de la position qui m'a été faite depuis 37 ans, et qui n'a plus permis, entre mon oncle et moi, que des relations lointaines et fugitives.

A peine commençais-je à distinguer Valenciennes de Lille, et à reconnaître les visages des gens, que, dans la maison de la rue de Paris, je trouvai votre père et votre mère à côté de mes grands-parents, et dès lors je fus conquis par votre père. Vous savez comme il aimait les enfants, comme il les a toujours aimés. J'étais alors, à raison de l'âge, beaucoup plus capable que vous de comprendre ses tendresses et d'y correspondre ; tantôt j'étais le sac de blé qu'il chargeait sur ses épaules, tantôt le poisson qu'il faisait nager entre ses jambes, tantôt le cavalier auquel ces mêmes jambes servaient de monture. Un peu plus tard, quand ces plaisirs eurent perdu quelque chose de leur nouveauté et de leur charme, l'esprit très inventif de votre père lui fit trouver d'autres récréations, je vis paraître le pantin qui dansait tout seul et qui exécutait, à sa volonté, des pirouettes comiques. Il y avait des intermèdes de violon dont il jouait bien, et, comme vous commenciez à prendre quelque part à ces fêtes, on commençait aussi à observer en vous un goût très passionné pour la musique. C'était pourtant en mon honneur que le spectacle se donnait. Pourquoi fallait-il placer, si on voulait que le pantin dansât, un verre d'eau devant lui, à un pas de distance, et pourquoi dans cette eau une pièce de 40 sous ? C'est un problème qui dans ce temps-là préoccupait beaucoup mon esprit, et dont je n'ai pas encore trouvé la solution ! Au pantin dansant, que votre père lui-même avait fabriqué, succédèrent les ombres chinoises qui étaient aussi l'ouvrage de ses mains. Il faisait de ses dix doigts tout ce qu'il voulait et en tira un peuple et une ménagerie. Il dessinait très correctement, peignait, découpait, collait, fabriquait des ressorts : l'éléphant dressait sa trompe, le chien agitait la queue, le bœuf donnait des coups de corne, le cheval ruait. Quant aux ombres de l'espèce humaine, elles tenaient de beaux dialogues appropriés à chaque tableau. Très souvent elles se disputaient et en venaient aux coups, c'était le plus beau. Je crois qu'à ces représentations le grand public ne s'amusait pas moins que le petit. Il y avait encore d'autres passe-temps qui n'étaient que pour moi seul, et je reconnaîtrais mal le plaisir que j'en ai tiré, si je n'en faisais mention. Il y avait donc les soirées de contes et de récits. Il y avait ces terribles aventures d'Avale-tout, l'émule de Gargantua, dont je ne pus avoir le dernier chapitre avant de partir pour Valenciennes. Votre père en ces récits, faisait preuve d'une imagination si fertile et si appropriée au goût des enfants, qu'à coup sûr trois mois de plus passés à l'entendre ne m'auraient pas lassé. Il possédait un art de mise en scène et une facilité à conter élégamment dont je crois que des oreilles plus exercées et le goût même le plus délicat eussent été satisfaits.

Quand je retrouvai votre père, j'avais dix ans, il habitait Santes, propriété de M. Alexandre Bernard. Ce château au style noble, aux proportions grandioses, offrait une habitation des plus commodes aux trois familles qui en étaient devenues les occupants : la vôtre, celle de mon père et ma mère qui ne faisaient qu'un ménage avec vos parents et celle du propriétaire qui, s'étant réservé la moitié des appartements, avait de quoi la peupler, de ses nombreux enfants. Vous et nous et les autres, nous nous réunissions dans la grande rotonde qui servait de communication aux divers appartements de la maison. Là nous donnions bals et concerts, c'était un vacarme à faire fuir. Quand il faisait beau temps, les grands tilleuls du jardin à la Mansard prêtaient à nos ébats leur ombrage touffu. Tout était gai dans l'antique manoir. Votre père, le mien, notre cousin le châtelain n'étaient pas gens qui engendrassent la mélancolie, le souci des affaires ne nuisait nullement à la belle humeur de chacun. J'étais toujours triste quand il me fallait, le lundi matin, retourner à Lille pour mes leçons, et jusqu'au samedi soir, je soupirais. Je ne saurais trop dire quelle était la cause de cette réunion de Santes; la question sortait un peu de ma compétence, je crois pourtant qu'on venait de bâtir l'usine, que votre père y dirigeait l'installation et le premier fonctionnement des appareils, à quoi il s'entendait merveilleusement; qu'enfin mon père et ma mère attendaient que la maison de Loos, achetée par eux récemment, fût disposée pour les recevoir. La cohabitation de mes parents et des vôtres dura à peu près un an, elle fut pour mon père la plus heureuse circonstance de sa vie, car elle forma entre les deux beaux-frères cette intimité qui dura jusqu'au tombeau. En battant tout Valenciennes et la banlieue, mon père y aurait-il découvert un ami qui valût votre père, et à quel point n'avait-il pas besoin alors d'un tel ami ? Il trouvait en lui une association merveilleuse de qualités diverses, un esprit éminent, des connaissances profondes, une culture littéraire beaucoup au-dessus de l'ordinaire, une gravité sans affectation, un enjouement sans légèreté, cette fine fleur de politesse qui s'était developpée à l'air de la meilleure société parisienne , au-dessus, et beaucoup au-dessus de tout cela, dominant tout le reste : l'âme d'un vrai chrétien. Ceci, pour mon père, c'était une révélation, pour le vôtre une mission. Elle avait ses difficultés. Ma mère pieuse, bonne, aimable et aimée comme elle l'était, malgré tout l'esprit qu'on lui connaissait, n'y avait pas encore réussi. Il fallait réduire un esprit très indépendant, et tout imbu de préjugés. Né en Hollande dans l'émigration, élevé en Angleterre, de très bonne heure livré à lui-même dans ce milieu protestant, mon père n'en était sorti que pour se trouver au milieu d'une société vouée uniquement au commerce et à l'industrie. Obligé par la mort de mon grand-père à se jeter de bonne heure dans ce tourbillon, il aurait à peine su dire lui-même où en était sa foi. De la pratique, il n'avait gardé que ce que la bienséance exigeait. Peut-être restait-il en lui quelque désir de s'éclairer, je le croirais ; qu'il cherchât ou qu'il ne cherchât pas l'occasion, du moment qu'il vivait dans la société de votre père, il ne pouvait y échapper. La lumière venait à lui dans sa forme la plus persuasive et la moins discutable, celle de l'exemple, la controverse s'insinua peu à peu dans les entretiens familiers ; votre père y était ce qu'on appelle *ferré*. Son long séjour à Paris l'avait initié à toutes les polémiques du jour, il n'y avait pas un sophisme contemporain qu'il ne sût réfuter. Il avait connu et fréquenté ces hommes d'élite qui composaient la rédaction de l'*Avenir*; il avait été leur collaborateur et avait assisté à l'éclosion d'œuvres qui feront longtemps survivre les noms de plusieurs d'entre eux. Sans avoir jamais à rétracter aucune des erreurs où l'amour de la nouveauté entraîna plusieurs de ces jeunes écrivains, mon oncle avait tiré de son commerce avec eux, des connaissances qui le mettaient à la hauteur de toutes les questions, un style de maître, une dialectique puissante. Le badinage dont il savait parfois parer la vérité, lui donnait encore sur ses lèvres plus d'efficacité. Il y eut donc là entre les deux beaux-frères des entretiens sérieux et piquants, et si mon père quitta Santes sans y avoir fait le grand pas, on peut dire qu'il en avait fait beaucoup dans la voie de la conversion.

Vous savez, ma cousine, quel coup terrible précipita le dénoûment, combien de larmes il coûta à mon père, l'expérience qu'il fit de l'amitié du vôtre, le soulagement qu'il trouva dans cette amitié. Tout sembla perdu pour lui quand il perdit ma mère, et, s'il n'avait pas trouvé alors les consolations de la religion, je ne crois pas que rien eût pu fermer la plaie de son cœur. Vous savez aussi comme votre père fut près de lui en toute cette crise et comme son triomphe, pour ne point dire celui de la grâce, fut complet. Mon père ne fit pas les choses à demi, ce n'était pas son caractère ; il profita si bien des leçons et des exemples reçus à Santes, que bientôt il devint l'émule de son maître. C'était en 1838, ma mère était morte le 15 octobre précédent, jour de la Sainte-Thérèse. Le 13 avril, je faisais ma première communion. Votre père était là. Il était venu à Loos de grand matin, il se retira fort tard. Plusieurs autres parents vinrent de Lille, c'était le premier jour de fête de cette maison depuis bien des mois. Le visage même de mon père était rasséréné, il venait lui aussi de faire la communion. Quand tout fut terminé à l'église, mon oncle et lui sortirent dans les champs et nous fîmes à trois une assez longue promenade. Leur entretien était plus des choses du ciel que de celles de la terre ; l'expansion était complète et j'en étais comme ravi. Votre père me donna aussi plusieurs conseils graves, que je goûtai beaucoup sur l'heure, et dont je crois pouvoir dire, d'une manière générale, qu'ils m'ont profité. Il avait toujours la note si juste ! Il possédait si bien la science de l'à-propos !

A peu d'intervalle de cet heureux jour, il y eut, pour l'âme chrétienne de votre père, un autre triomphe et une autre joie. Dans la maison modeste qu'il occupait rue des Fossés-Neufs, il donna une très grande fête qui la remplit de joie, de chants et d'harmonie. C'était une fête double : le jubilé de M. et de Mme Kolb, vos grands parents, et la conversion de M. Kolb, survenue quelques jours auparavant, une fête dont on peut dire : Voici le jour qu'a fait le Seigneur, profitons-en pour nous réjouir et pour tressaillir d'allégresse. Je me souviens très bien des deux grands salons, des lumières éblouissantes, de l'orchestre, de la foule qui se pressait, enfants, petits-enfants, parents, alliés, amis ; de ces deux fauteuils placés au fond du plus grand de ces salons ; de ces figures vénérables sous leurs cheveux blancs et leurs couronnes de roses ; de ce contentement universel qui se peignait sur les visages. Votre grand-père, l'ancien président du Consistoire protestant, était enfin catholique. On se réjouissait donc au ciel comme sur la terre ; et ici-bas, dans le cercle de la famille, combien de cœurs heureux ! Cette famille de mon oncle se composait de deux frères et de cinq sœurs qui tous avaient été élevés par leur mère dans la foi catholique et formés aux leçons de son éminente piété. Ses deux filles mariées donnaient à leurs enfants les mêmes leçons et le même exemple. Des trois autres filles, l'une Mlle Adèle était entrée chez les Dames du Sacré-Cœur. L'autre, Mlle Émilie, l'ange du foyer domestique, était dans le monde le rare spécimen des plus belles vertus, elle ne devait pas tarder à rejoindre dans le cloître son aînée. La troisième, Mlle Victoire, mourut saintement à la fleur de l'âge. On peut juger par là du bonheur de tous quand le mur de division tomba, quand ces cœurs parfaitement unis sur tous les autres points, le furent aussi par la profession d'une même foi. L'*abjuration* de M. Kolb eut dans toute la ville un grand retentissement ; elle ne pouvait pas être l'œuvre des influences domestiques, encore moins celle d'un affaiblissement produit par l'âge. M. Kolb à l'âge de *80 ans* jouissait de la plénitude de ses facultés, la raideur de cette volonté de fer qui le caractérisait ne s'était en rien assouplie. Très éclairé dans sa religion protestante, honoré et encensé par ses coréligionnaires, lié par la dignité même qu'ils lui avaient conférée, il était, par la droiture de son esprit, incapable de céder à un autre sentiment que celui de la conviction. Il me semble encore le revoir avec votre grand'mère dans cette manufacture des tabacs, dont il était le directeur, ancien couvent des Carmes, où nous allions parfois nous associer aux jeux de nos cousins et cousines, et causer par nos espiègleries, bien des impatiences à ce vieux portier Rembaut, qui, ancien gendarme, conservait le sentiment de la consigne. Les cours étaient tristes autant que vastes ; il n'y avait jamais que nous à les égayer. Les appartements de la Direction, qui avaient été ceux de l'ancien Prieur, n'avaient rien de plus réjouissant, mais cadraient assez bien avec la figure austère du Régisseur. Haut de taille, encore très droit, malgré les ans, le front élevé et difficile à dérider, la voix un peu rauque et qui ne s'était jamais bien assouplie au Français, l'ancien habitant du grand-duché de Bade ne laissait pas de rassurer les enfants par l'extrême douceur de ses yeux ; je crois qu'il les avait bleus. Ses beaux cheveux blancs descendaient jusqu'aux épaules. Mme Kolb formait comme un contraste dans le tableau, vive dans ses allures, des petits yeux noirs perçants ; beaucoup d'aménité dans la voix, dans la physionomie, dans toutes les manières ; le sourire sur les lèvres, quelque chose de très maternel et qui mettait à l'aise du premier coup. A ses côtés, l'incomparable Mlle Émilie, les délices des enfants, un vivant répertoire de tout ce qui peut les amuser, qui faisait qu'on claquait des mains quand elle paraissait ; avec elle on savait qu'on allait chanter et danser, qu'on ferait des rondes, qu'on planterait des choux, qu'on passerait sur le pont d'Avignon, qu'elle se mettrait en quatre pour divertir, et qu'on ne pourrait pas lui résister. Je vous laisse à penser si cette demoiselle

Émilie, votre tante, la future Dame du Sacré-Cœur, devait être en belle humeur, ce soir du jubilé dans le salon de votre père. Celui-ci, assez semblable par caractère à sa sœur Émilie, aimant comme elle à répandre la gaîté dans son entourage, sachant comme elle se faire tout à tous, faisait les honneurs de sa maison, avec le sentiment d'un homme qui a mené à bonne fin une affaire épineuse dont il avait fait le but capital de sa vie. Il était aussi bon fils qu'il fut excellent père. Sa piété filiale parut assez dans tous les soins qu'il prit pour adoucir à ses parents les ennuis de la vieillesse, elle se montre encore dans le choix qu'il fit du lieu de leur sépulture, comme dans ses sollicitudes pour l'entretien de leurs tombeaux. Il était heureux de voir ces tombes réunies ! Si longtemps il avait dû craindre une séparation.

C'est vers le même temps que mon oncle établit à Lille la conférence de Saint-Vincent-de-Paul et qu'il en fut élu président. Il devait l'être longtemps. Sans m'étendre ni sur le mérite de cette initiative, ni sur le bien qui en est résulté et qui est incalculable, je dirai seulement qu'en établissant à Lille cette œuvre des œuvres, à laquelle tant d'autres se sont rattachées, le fondateur se chargeait d'un pesant fardeau; il sacrifiait d'un coup tout ce que ses affaires ordinaires lui laissaient de loisirs, et ce n'était guère. Son beau-père, en se retirant de l'industrie, venait de lui remettre la direction presque exclusive d'une usine qui réclamait la surveillance la plus assujétissante, en même temps qu'elle exigeait de grandes transformations dans les procédés de fabrication; ce n'était donc pas un médiocre sacrifice que celui de la matinée du dimanche, après le travail de toute la semaine. Par rapport à la maison de mon oncle, le lieu où se tenaient les réunions de la conférence était éloigné; il fallait traverser au moins la moitié de la ville. Le premier local était une maison de piètre apparence à l'entrée d'une rue étroite qu'on appelait rue de la Préfecture ; la salle des réunions, une chambre qui se trouvait remplie quand tous les membres étaient présents, on en comptait alors 12 ou 15. Mon oncle me mena à une des premières séances ; j'assistai encore à plusieurs autres comme membre aspirant. Quand j'eus atteint ma quinzième année, vers l'époque de la translation à un appartement plus convenable et moins exigu de la rue Sainte-Catherine, j'obtins le titre de membre actif et fis mes premières armes dans la visite des pauvres. C'est là surtout que pendant plusieurs années j'appris à connaître mon oncle et que je commençai à l'admirer. La séance s'ouvrait un peu avant huit heures. Quand mon oncle avait fait la communion, ce qui était souvent, il sortait d'une première messe. La séance terminée, un peu après neuf heures, il fallait galoper pour arriver rue des Fossés à la fin du déjeuner de famille et se presser ensuite pour ne pas manquer la grand'messe de la paroisse dont mon oncle ne se dispensait pas. Tout cela allait fort bien pour l'apprenti de quinze ans, mais ne semblait guère convenir à un homme de plus de quarante ans qui souffrait de l'estomac. La Société s'était beaucoup accrue, les chaises rangées autour de la grande salle ne suffirent plus ; il fallut se placer sur deux rangs. On y voyait des gens de tout âge et de toute condition; le vicomte de Melun, le vice-président; un peu plus tard le comte de Coulaincourt eut la même qualité; des Favières, des Germiny, des La Chaussée, M. Vandercruiz, l'homme à la bourse inépuisable et à qui on ne vit jamais refuser une aumône; cet Édouard Lefort, l'ami intime de mon oncle, fondateur lui-même de la Société de Saint-Joseph, l'apôtre des ouvriers; ce Louis Fiévet qu'un miracle de grâce avait converti, et que toute la ville appelait Saint-Fiévet; puis M. Gachet, le proviseur du Collège municipal; M. Leglay, archiviste du département; M. Scalbert, le banquier; M. Colombier, un des premiers négociants du pays, un des plus connus par ses charités; M. Clainpanain, M. Berthelot, infatigables l'un et l'autre, lorsqu'il s'agissait des pauvres ; MM. Decoster et Jaspar qui étaient, l'un secrétaire, l'autre trésorier, bien d'autres encore, parmi lesquels plusieurs de nos parents, toute une petite armée assez indisciplinée, mais qui tombait à genoux comme un seul homme quand mon oncle disant : « la prière, Messieurs », commençait le signe de la croix, puis la prière au Saint-Esprit. Il la récitait d'un ton pénétré et, par là même, pénétrant. Il en était de même de celle de la fin qui est un peu plus longue; elle contient pour les associés une demande touchante et sublime : Faites, Seigneur, qu'ils versent avec joie leurs biens dans le sein des pauvres, et qu'ils finissent par se donner eux-mêmes. Il fallait entendre ces mots sur les lèvres du président ; avec l'onction qu'il y mettait, ils auraient fondu l'acier. La séance elle-même se passait dans un recueillement majestueux, et d'abord, une courte lecture spirituelle, ou bien quelques paroles du président : puis, le rapport sur les familles visitées ou sur celles qu'on proposait, chacun ayant droit de parler à son tour et celui de répliquer. Des débats surgissaient parfois, et il était impossible qu'il en fût autrement ; jamais pourtant, je ne vis les débats tourner à l'aigre, et toujours on avait fini au temps fixé. Ce succès était dû, sans aucun doute, au manège adroit du président, à son esprit pacificateur, à l'ascendant qu'il s'était acquis sur toute l'assemblée. Il était très rare qu'une proposition émanant de lui ne fût pas adoptée à l'unanimité. Aussi ne proposait-il rien à la légère, ni sans avoir pris conseil de Dieu ; totalement uni à Dieu par la volonté, il semble qu'il recevait de lui une assistance spéciale pendant tout le temps qu'il était au fauteuil ; nul non plus ne l'emporta sur lui dans l'art de ménager toutes les susceptibilités, d'éviter les froissements, d'apprécier les caractères, de discerner les aptitudes, de pressentir les répugnances, d'avoir égard aux faiblesses, de demander de chacun ce qu'il pouvait, et de ne demander que cela. Cette sagesse, jointe à la puissance de l'exemple, faisait toute la force de son autorité.

Comme avec le temps cette œuvre de la conférence prit d'heureux accroissements, cette extension la rendit de plus en plus onéreuse à votre père. Il fallut se scinder ; chaque paroisse de Lille eut tour à tour sa conférence, chaque ville du département aspira au même avantage, il s'en établit partout, et qui les établit ? Votre père. Il allait et venait, disposait les esprits et les choses, aplanissait les difficultés, enseignait la pratique, donnait des avis, ne manquait jamais de prendre la parole à l'ouverture, constituait le bureau, entretenait une correspondance avec le président, restait chargé d'une direction générale qu'il garda toute sa vie, et qui, s'étendant à tout le Nord, l'obligeait à intervenir dans toutes les décisions importantes, avec un détail d'affaires ou de questions personnelles dont on ne pouvait se tirer qu'à la condition d'y apporter de grandes lumières, une activité prodigieuse, une charité sans bornes. Comme il savait stimuler les autres ! La conférence de Loos n'a pas eu d'autre origine que ce zèle débordant et entraînant de votre père. Voilà le mien devenu président; M. Despierre, mon professeur, homme si bien connu de votre père, si apprécié, si aimé de lui, installé comme secrétaire ; M. Fockedey, notre ami commun, devient vice-président ; M. Celarier, autre ami et voisin de campagne, trésorier ; quelques autres propriétaires ou fermiers forment le reste du personnel. On va à la découverte des familles pauvres, on les rencontre sans peine ; on va les visiter, on entre dans le secret de leur misère, on les soulage, on les relève, on est tout étonné soi-même des consolations qu'on goûte à ce ministère que saint Paul appelle le ministère des saints. On ne l'est pas moins du bien qui se réalise et de la facilité avec laquelle on l'obtient.

De la conférence de Saint-Vincent-de-Paul, à Lille, comme en d'autres grandes villes, naquirent bientôt plusieurs œuvres qui sont comme les corollaires de la première. On organisa le patronage des enfants pauvres qui veille à ce que les enfants fréquentent les écoles et leur assure, pour les dimanches et les fêtes, outre l'assistance à la messe, d'honnêtes récréations. Vers le même temps, on vit paraître la Société de la *Sainte-Famille*, qui procure aux pauvres la facilité d'entendre la messe du dimanche ; celle de *Saint-François-Xavier*, qui s'efforce de ménager aux ouvriers, pour leurs jours de loisir, l'utile et l'agréable, sous forme d'instructions salutaires et de quelques divertissements. Mon oncle, comme président de la conférence, avait été le promoteur de ces trois œuvres. Il avait suscité les dévouements qui en avaient accepté le fardeau. Tout le premier, il avait payé de sa personne ; je m'en souviens, car plus d'une fois, je fus le compagnon de ses expéditions. Le dimanche soir, aussitôt le dîner de famille terminé, il s'échappait de la maison de mon grand-père et nous allions, soit à la maison occupée par les Frères des Écoles chrétiennes, rue des Urbanistes, soit à une salle de réunion située à l'autre bout de la ville, proche la porte Saint-André. Nous trouvions, dans le premier de ces locaux, les enfants du patronage ; dans le second, les ouvriers enrôlés sous la bannière de Saint-François-Xavier. Cette dernière institution qui arrachait l'ouvrier aux dépenses, aux dangers, aux vices du cabaret, était de la part de votre père l'objet d'une prédilection. Il la favorisait de tout son pouvoir, et s'y prodiguait lui-même. Le plus souvent, il avait à ses côtés M. de Melun, ou M. de Coulaincourt ou M. Morcou. Le charme de sa parole n'était jamais plus grand que lorsqu'il s'adressait sans apprêt à ces natures simples, incultes, mais souvent pleines de bonne volonté en qui il n'y avait rien qu'il ne connût à fond. Il trouvait là les mêmes hommes qu'il avait à commander tous les jours, et il était heureux de leur faire entendre, au lieu de la voix du maître, celle de l'ami. Tout pénétré de la pensée de la fraternité en Notre-Seigneur, il la traduisait dans son attitude, dans son geste, dans ses paroles, dans son regard, et réussissait par là à en pénétrer son auditoire. C'était pour lui une jouissance ; je crois qu'elle était réciproque ; je me rappelle encore les applaudissements. J'en eus quelquefois ma part ; mon oncle m'obligeait à parler, et comme je n'étais qu'un enfant, ce que je disais ne tirait pas à conséquence ; c'est à cette enfance même qu'on battait des mains. Ce que je ne puis assez admirer, ce qu'on n'admirera jamais trop, c'est ce dimanche, ce seul jour où votre père eût pu goûter un peu de repos et jouir de sa famille, sacrifié le matin à la conférence, le soir à ces autres réunions, et l'intervalle rempli par les devoirs de piété. Je remercierai Dieu à tout jamais, de ce qu'il a placé, dès mon enfance, un tel modèle sous mes yeux ; à présent même, lorsque j'y *repense*, c'est pour en être confondu. Voilà le dimanche. Qu'est-ce que c'était que la semaine de votre père ? Qu'était ce *bureau de la rue Saint-Nicolas* où il venait chaque jour, après avoir entendu une messe matinale, et passé l'inspection de son usine, d'où il sortait vers dix ou onze heures pour le déjeuner, où il rentrait pour s'y enfermer jusqu'au soir? C'était d'abord l'endroit de la ville le mieux choisi pour n'y avoir pas un moment de repos ; en face de la grande place, à quelques pas de la Bourse et de l'Hôtel de Ville, au centre des affaires, il n'y eut jamais situation plus avantageuse pour une auberge, un café ou une boutique de marchand d'habits. Il faut dire seulement que cette rue Saint-Nicolas, étroite comme toutes les vieilles rues des vieilles places de guerre, peu aérée, enfumée, malpropre et perpétuellement encombrée de charrettes et de camions, n'avait par elle-même rien d'attrayant. C'est dans mon enfance que ces bâtiments avaient été achetés et annexés à la fabrique; l'entrée de celle-ci se confondit pendant longtemps avec celle des bureaux ; un peu plus tard, on dota ceux-ci d'une porte spéciale, d'un escalier et d'une porterie. Ils étaient au premier; une communication intérieure, par les ateliers, les reliait à l'habitation de notre grand-père, maison vénérable qu'un de nos aïeux éleva vers la fin du XVIIe siècle. Entre le cabinet de votre père et le bureau principal, était une antichambre assez spacieuse, éclairée des deux côtés par des jours d'emprunt; un de ces vitrages offrait au visiteur cette commodité qu'il permettait de voir si votre père était chez lui, et s'il se trouvait ou non en compagnie ; on regardait par là avant de frapper à la porte. Une fois entré, on ne pouvait admirer autre chose que des murs blanchis à la chaux et un mobilier qui paraissait avoir l'âge de la maison Bernard Frères, c'est-à-dire qu'il y avait une cheminée, une table, des chaises en paille, un pupitre transféré de la rue de Paris, peint en noir, et si haut que pour écrire, il fallait ou se tenir debout, ou se percher sur une certaine chaise deux fois plus élevée que les sièges ordinaires. C'est du haut de cette chaise, les pieds appuyés sur un escabeau, que votre père donnait ses audiences, quand elles n'étaient pas des plus solennelles. A qui ces audiences se donnaient-elles ? A la ville entière. Quand les commis et les contremaîtres de la maison avaient fini leurs rapports et pris ses ordres, entraient les courtiers, les commis-voyageurs, les entremetteurs de toute classe, les vendeurs et les acheteurs. Quand ceux-ci avaient défilé, paraissaient les négociants ou industriels de tout ce qui se fabrique et de tout ce qui se vend à Lille ou dans la banlieue; les uns venaient pour leurs affaires personnelles, les autres pour les intérêts généraux du pays; on parlait douanes, chemins de fer, impôts, saccharimétrie, toiles, sucres, fers, culture, engrais, bétail, bâtisses, machines, appareils perfectionnés, etc. Il ne s'entreprenait pour ainsi dire rien qu'on ne voulût avoir l'opinion de mon oncle, et qu'on ne se trouvât bien de l'avoir consulté. On aurait dit qu'il possédait toutes les spécialités, et si réellement, au début, elles lui étaient étrangères, à la fin de la conversation on le trouvait initié. D'un esprit, par nature, très synthétique et très méthodique, il n'en savait pas moins analyser et se rendre compte des moindres détails, et par là, il lui arrivait très souvent de voir clair là où les autres s'embrouillaient.

Avec ceux qui venaient chercher des conseils, d'autres paraissaient qui avaient à conter leurs embarras et leurs besoins. Aux pauvres en blouse, qui n'étaient pas à beaucoup près les plus nombreux, succédaient les pauvres en paletot. Ceux-ci encore se sous-divisaient en plusieurs catégories. Tel cherchait une position ; tel autre demandait qu'on le soutînt dans ses affaires ; tel autre, en ayant fait de mauvaises, qu'on l'aidât à en sortir honorablement. Il fallait diriger, encourager, consoler, quelquefois prêter et souvent donner. Votre père faisait face à tout cela, dans la mesure qui lui était possible, parfois aussi au delà de cette mesure. Sa compassion s'étendait à tous maux, et ne craignait pas les répétitions. Votre père avait un ami dangereux : je l'ai nommé, c'est Édouard Lefort. Au fond de son magasin rempli de livres, cet homme s'occupait de tout autre chose que de sa librairie, il tenait *agence de charité*. Il ne se contentait pas des infortunes qui s'adressaient à lui, il allait à leur recherche. Aidé par sa Société *Saint-Joseph* qui le mettait en rapport avec sept ou huit cents personnes de tout état, parmi les membres de cette Société, il en avait formé plusieurs qui étaient ses agents, ses détectives, ses limiers, chargés de se lancer par la ville à la recherche de toutes les misères, grandes ou petites et de les lui faire connaître pour qu'il y pourvût. Nul dans la ville ne devait être malade, sans travail, surchargé de famille, endetté, poursuivi de ses créanciers, en tentation de la corde ou de l'asphyxie, qu'il ne le sût. Ce dépisteur de misères cachées tenait dans la rue Esquermoise, sous l'enseigne d'éditeur et d'imprimeur, une sorte de dispensaire général pour tous les maux dont l'humanité est affligée. Il ne s'était pas marié, afin de ressembler davantage à un prêtre, afin d'être plus libre de suivre les élans de sa charité. Soit qu'il écrivît, soit qu'il parlât, il était souvent éloquent; sa parole, qu'elle fût grave ou gaie, était singulièrement sympathique, s'insinuait jusqu'aux cœurs et les remuait. Parmi tous les visiteurs de la rue Saint-Nicolas, il n'y en avait guère de plus assidu, mais, le plus souvent, il ne faisait qu'y paraître. Il refusait de s'asseoir, disait quelques mots à l'oreille de votre père, celui-ci prenait son chapeau et parfois on ne le revoyait pas de longtemps. Il était, dans ces cas-là inutile de demander à votre père, où il était allé, ni pourquoi il avait tant tardé, ni s'il avait fait une seule visite ou plusieurs. La main gauche ne doit pas savoir ce que fait la droite. Il est également impossible de dire ce que ces relations avec Édouard Lefort, cette intimité qui dura autant que la vie, a coûté à votre père de pas, de démarches et d'argent; ni quel mérite il en a retiré devant Dieu.

Cette clientèle du bureau de la rue St-Nicolas était une belle clientèle, et chaque jour la voyait grossir. Pour ce qui regarde la conduite générale des œuvres catholiques, on peut dire que c'était un monopole. Allons voir M. Kolb, ou plus simplement allons voir Kolb, c'était devenu le mot d'ordre parmi ceux qui, voulant faire le bien, se trouvaient entravés dans leur entreprise par quelque opposition, ou rencontraient une autre difficulté quelconque. Qu'il s'agît de construction ou d'acquisitions, d'église ou d'école, d'un hôpital ou d'une salle d'asile, d'une paroisse ou d'une communauté, de poser une première pierre ou de liquider avec des entrepreneurs, de solder de vieilles dettes, ou de contracter un emprunt, ou de pourvoir au pain de chaque jour; qu'il fût question d'une quête, d'une loterie, d'une souscription, de difficultés surgissant sur l'exécution d'une donation ou d'un legs, ou sur une des clauses d'un contrat, c'était à mon oncle qu'on venait, c'étaient ses lumières qu'on réclamait, son crédit qu'on sollicitait. La connaissance très étendue qu'il possédait des hommes et des choses, son esprit de discernement, la grande modération de son caractère, jointe à sa parfaite équité, sa grande patience aussi à écouter et à se faire rendre compte, son horreur enfin des jugements précipités, tout cela faisait qu'on ne pouvait guère trouver un arbitre plus sûr, et que, presque toujours, le parti qu'il avait suggéré se trouvait être le bon. Ces succès répétés et redits sont ce qui achalandait son cabinet. Il était rare que plusieurs prêtres, plusieurs religieux, des protestants, des chefs d'institution, de simples maîtres d'école, ne succédassent pas dans la même journée aux gens d'affaires et aux solliciteurs que j'ai déjà nommés. On y voyait venir aussi des architectes, des maçons, des artistes, des peintres, des employés de toutes les administrations, des gens de lettres. Je me rappelle avoir rencontré dans le cabinet de mon oncle M. de Genoude, M. de Lourdouiex, M. Poujoulat, divers autres journalistes ou publicistes de Paris, parmi eux ce M. de Saint-Priest, qui commençait alors sa grande publication, l'*Encyclopédie du XIXe siècle*, à qui mon oncle procura bon nombre d'actionnaires, en s'inscrivant lui-même le premier. De même encore, les fondateurs de cette Union Maritime, entreprise excellente en théorie, destinée à porter les missionnaires jusque sur les côtes de l'Océanie et à les protéger; un beau rêve qui coûta des millions! Plusieurs fois je vis Louis Veuillot; converti depuis peu, il venait de quitter sa sinécure au ministère de l'intérieur, et de renoncer à ses appointements, pour prendre la direction de l'*Univers*. Mon oncle, qui avec mon père admirait son talent d'écrivain, goûta sa conversation, approuva ses projets, loua surtout en lui le défenseur hardi de Mgr Clauzel, l'évêque de Chartres, et de l'abbé Combalot, l'un poursuivi, l'autre condamné pour leurs attaques contre le monopole universitaire. La tyrannie que ce monopole faisait peser sur les pères de famille était, aux yeux de votre père, la plus odieuse qui se pût concevoir, comme la plus anticatholitique, la plus contraire au droit naturel, la plus illogique au point de vue des principes de cette liberté dont le gouvernement se targuait. Ainsi parlait mon oncle, ainsi parlait M. Veuillot; leur accord sur cette question ne pouvait être plus complet. C'était d'ailleurs la question brûlante du moment, et qui rejetait les autres dans l'ombre. Elle n'a guère aujourd'hui, après cinquante ans de lutte, moins d'actualité. Mon oncle voulut que Veuillot fît la connaissance d'Édouard

Lefort, et qu'il le vît à l'œuvre, c'est-à-dire au milieu de la Société de Saint-Joseph qui était pour lui sa famille. Il voulut aussi que je fusse de la partie ; c'était un jour de fête, en hiver, la séance était solennelle, la salle remplie ; nous eûmes de la peine à trouver place. Il était tard d'ailleurs quand nous arrivâmes. Nous avions dîné rue de Paris ; M. Veuillot nous avait donné un récit de son voyage à Rome et de sa conversion ; il nous avait attendris ; en l'entendant on ne pensait plus au temps. Quand nous parvînmes à la rue Sainte-Catherine, la partie musicale de la soirée tirait vers la fin. Nous n'eûmes plus qu'un cantique à l'Enfant Jésus, suivi d'une courte sonate ; la seconde partie, en un seul acte, ne devait pas non plus nous retenir longtemps. Le bon M. Édouard, comme on l'appelait, se leva, prit position au milieu de l'estrade des musiciens, lut d'abord le compte rendu financier de l'exercice qui allait clore ; puis, s'abandonnant à sa verve, d'une voix grave, très accentuée, très ferme, adressa à ses confrères ses souhaits et aussi ses conseils pour l'année qui allait commencer. Quand il se tut, M. Veuillot me dit : « Vous ne trouveriez pas dans Paris un homme qui parle aussi bien que cela. » Ces paroles me sont restées. M. Lefort avait aperçu votre père, il vint à nous, il y eut quelques moments d'entretien cordial ; l'heure de la prière pressait, et, comme toujours, Édouard Lefort la récita. C'était bien plus beau que le concert ! Une onction qui ne se peut décrire et dont le seul souvenir porte encore à la piété ; puis ces huit cents voix d'hommes qui répondaient avec un ton de conviction dont on ne pouvait non plus perdre la mémoire. Votre père, ce soir-là, était content de son Édouard Lefort; M. Veuillot l'était aussi, il l'était du Lillois, surtout il l'était de votre père ; plus de vingt ans après, il parlait encore de ce voyage.

Il ne faudrait pas, après tout cela, s'imaginer que le bureau de votre père ne servît jamais aux affaires de la maison Bernard frères. Les associés y tenaient d'assez fréquentes réunions, tantôt deux, tantôt trois, rarement tous ensemble ; ils étaient six, dont votre père, quatre cousins, et le frère de votre mère. Mon père parfois survenait et quoiqu'il n'eût aucun intérêt dans la maison, il était reçu, comme s'il en avait fait partie. On devait se figurer que parmi ces associés rassemblés, il s'agissait uniquement de sucres, de betteraves, de mélasses, d'alcools, de turbines ou des caissons Schussembach ; celui qui aurait surpris leur entretien eût été fort étonné de voir à quel point, chez ces industriels qui comptaient parmi les premiers du pays, la religion, les intérêts de la religion, les affaires de la religion passaient avant leurs propres affaires. Loin d'arrêter le zèle de votre père, son beau-frère et ses cousins ne faisaient que le stimuler. Parmi ceux-ci, il y en avait un qui, tout jeune encore, et chef de la maison qu'on appelait la rue de Courtrai, suivait exactement la même voie que mon oncle, et devenait peu à peu son rival dans l'exercice de la charité. Il l'était déjà par sa piété, comme par la sagesse de ses conseils. Cet Henri se sacrifiait pour la société de Saint-François-Régis, commevotrepèrepourcelledeSaint-Vincent-de-Paul ; il accepta d'en devenir le président et consacra à cette présidence toutes ses matinées du dimanche, régulièrement.De cette union entre les associés, et de celle qui régnait entre eux et leurs vénérables parents, naissaient les plus grands biens. L'un des quatre frères, le second par l'âge et l'aîné d'Henri, venait d'être nommé à la cure de Sainte-Catherine, l'une des plus importantes de la ville, où il succédait à l'abbé Vicart que Mgr Giraud avait appelé à Cambrai en qualité de vicaire général. Ces promotions avaient été les premiers actes du nouveau prélat, à qui le titre d'Archevêque de Cambrai venait d'être rendu. On parlait donc de tout cela dans les conseils de la maison Bernard frères, on parlait du curé de Sainte-Catherine, de ses œuvres, de ses projets; un jour c'étaient les frères de Saint-Gabriel qui étaient sur le tapis ; la séance suivante, c'étaient les sœurs de la Sagesse. Les premiers avaient été appelés à Lille par l'abbé Bernard pour prendre la direction des Sourds et Muets, et venaient de transférer leur établissement au faubourg Saint-Maurice. Les Sœurs, appeléesaussi par l'abbé Bernard, après avoir longtemps langui dans un local étouffé, achetaient un bel et vaste hôtel, entre cour et jardin, à l'extrémité de la rue Royale et s'y établissaient avec leurs deux catégories de Sourdes et Muettes et d'Aveugles. Il s'agissait simplementpour elles de payercetimmeubleprincier; l'abbé Bernard, encore simple prêtre, sut y pourvoir. Le curé de Sainte-Catherine projetait de relever le culte de Notre-Dame-de-la-Treille, l'ancienne patronne de la cité. Pour cela, il voulait dresser dans son église un autel splendide, et placer sur cet autel l'antique image qu'il avait tirée de la poussière. Il se proposait d'ériger, sous ce même titre de Notre-Dame-de-la-Treille, une nouvelle Congrégation pour la visite des pauvres malades. Il avait besoin d'écoles pour ses enfants ; il avait besoin de patronages pour ceux qui commençaient à grandir ; il avait besoin d'asiles pour les plus petits ; chaque jour, quelque nouvelle entreprise surgissait pour servir de sujet aux délibérations de votre père et de ses associés. Il s'agissait surtout, dans ce conseil, de la question des voies et moyens et elle ne manquait jamais de recevoir une solution favorable.

Celle qui vint à l'ordre du jour dans ce temps-là était assurée à l'avance de la sympathie de tous les associés. On était à la fin de 1842 ; on apprit que l'abbé Bernard avait reçu dans son presbytère un Père de la Compagnie de Jésus, et qu'il prétendait établir une résidence de ces pères, sur sa paroisse, dans la rue de l'Abbaye-de-Loos. Pour des hommes tels que votre père et nos cousins, le moment était des mieux choisis ; on persécutait les Jésuites, officiellement ils étaient proscrits. M. Thiers, dans son court ministère qui éleva les murs de Paris, venait de faire une loi contre eux; en même temps, on les traduisait devant l'opinion publique; ne trouvant ni dans leurs actes ni dans leurs paroles rien de répréhensible, on avait contre eux recours au roman ; Michelet et Quinet, dans les chaires du Collège de France, étaient chargés de les dénoncer. Enfin l'ambassadeur de France à Rome avait mission de les poursuivre jusqu'au Vatican. Nos parents avaient toujours aimé la Compagnie ; c'était une tradition d'avant la Révolution. Notre grand-père, et ses frères avaient fréquenté leurs écoles, le plus jeune de nos cousins était encore dans leur collège de Brugelette ; les aînés gardaient de Saint-Acheul des souvenirs qui leur étaient chers. Le projet du curé de Sainte-Catherine, tout téméraire qu'il pût paraître, fut donc adopté à l'unanimité ; on sait quels fruits il a portés ; on ignore ce qu'il a coûté aux associés.

Ceux-ci agitaient souvent dans leurs délibérations une autre question dont l'importance n'était pas moindre, et dont l'exécution paraissait hérissée de difficultés. La pensée était émanée de votre père et il la nourrissait avec cette ténacité qui était le propre de son caractère, lorsqu'il s'agissait d'un bien évident. Il mettait alors sa confiance en Dieu et nul obstacle ne l'intimidait. Mon oncle avait résolu de doter la ville de Lille d'un Collège catholique et de soustraire ainsi les pères de famille à la dure alternative, ou de sacrifier l'âme de leurs enfants en les livrant à l'éducation des lycées, ou de les envoyer chercher à l'étranger des maîtres chrétiens. Du jour où M. de Salvandy, appelé pour la seconde fois au Ministère des Cultes, relâcha quelquelque chose de la rigueur des lois universitaires, votre père, si onéreuses que fussent les conditions imposées, ne songea plus qu'à en profiter. Il donna le signal ; on se mit à l'œuvre ; la famille tout entière y concourut, tous ceux sur qui mon oncle avait quelque ascendant firent comme la famille ; on vit surgir comme par enchantement le collège de Marcq. Ce grand dessein reçut une réalisation aussi complète que prompte. Le choix de la situation était des plus heureux, celui du personnel ne l'était pas moins. Les édifices répondaient à l'un et à l'autre, on n'en pouvait pas trouver qui fussent mieux adaptés. Vous n'avez pas besoin que je vous dise ici ce qu'était, lorsqu'on en fit l'acquisition pour le Collège, le château de Marcq, propriété de la famille. Il doit bien vous rester quelque souvenir de ses salons où l'on se perdait, de sa longue avenue à six rangs d'ormes, de sa cour d'honneur, de son perron qui n'en finissait plus,de la terrible mangeaille qu'on y servit à l'occasion du mariage de notre oncle. Les lieux comme le festin étaient de nature à faire impression sur des imaginations enfantines ; mais, comme je suis beaucoup plus âgé que vous, mes souvenirs sont sans doute plus précis que les vôtres. Il y avait donc plusieurs billards dans la maison ; il y avait le billard des petits, il y avait le billards des grands, comme il y avait le quartier des petits et le quartier des grands. Un salon après un autre salon, conduisant à un troisième ; la salle à manger des petits jours où l'on dînait à 25, et la salle à manger des grands jours où l'on dînait à 100 ; des écuries pour beaucoup de chevaux, des remises pour beaucoup de carrosses, des serres,des volières, une ferme avec ses basses-cours et ses champs, un vivier avec ses carpes, ses tanches, la pêche et la chasse, un parc aux ombrages profonds, un ruisseau avec des ponts. Tout ce qu'il y a d'enchanteur pour un enfant. Jugez si le site était approprié à une institution. Aucun voisinage immédiat ; la proximité de Lille, de Roubaix et de Tourcoing ; pour se rendre à chacune de ces trois cités, une promenade ; les fondateurs avaient eu la main heureuse ! Une petite société de prêtres qui venait de se former dans le diocèse d'Arras, sous le patronage de Saint-Bertin, fournit les premiers directeurs et dota l'établissement naissant d'un supérieur que j'appellerai incomparable. Entre votre père et lui, se connaître et devenir amis, ce fut tout un, la figure de l'abbé Crèvecœur me rappelait le portrait de Fénelon. Ses manières étaient prévenantes autant que distinguées ; la suavité dans le regard et dans la voix, un fond d'ailleurs qui répondait à ces apparences ; s'il y avait un côté faible, c'était la santé ; elle résista pourtant bien des années. Autour de ce supérieur, des hommes dignes de lui : tous se sentaient le zèle de leur vocation, voulaient le bien, étaient disposés à se sacrifier pour l'obtenir et avaient ce qu'il faut pour l'obtenir. Un frère de Mgr Wicart y professa le grec jusqu'au jour où il devint le vicaire-général de son frère ; c'était un des meilleurs hellénistes de France. Votre père était fier de son Marcq, il aimait à en parler et à le visiter. Quand la maison était déjà installée depuis quelque temps, il m'y conduisit. Mgr l'Évêque de Fréjus bénissait, ce jour-là, une chapelle monumentale. Nous visitâmes les classes et les dortoirs qu'on avait élevés sur l'emplacement des anciennes écuries ; nous dinâmes dans un réfectoire neuf encore plus grand que la salle du festin des noces, et que les pensionnaires remplissaient. Votre père fit des compliments mérités à M. l'abbé Lassé, le *père ministre* de l'établissement. Nous fûmes introduits chez le père recteur. Là, dès l'entrée, je fus pris de rire. La porte était celle en imitation de laque dont j'avais vu peindre les chinoiseries ; je retrouvais parmi tant d'autres tapissant les murs quelques figures, que j'avais découpées. Nous nous regardâmes votre père et moi, les salles et le parc fourmillaient de souvenirs pour tous deux ; votre père me dit : « *Sic vos, non vobis.* » Déjà le collège répondait à toutes les espérances qu'on en avait conçues. Vous savez combien de nos proches y ont reçu leur éducation.

Voilà, ma cousine, ce qui se passait au bureau de la rue Saint-Nicolas et de quelle manière les journées de votre père s'y écoulaient. En ce qui regarde Marcq, j'ai un peu anticipé sur les événements. Il y en a d'autres auxquels je ne saurais mettre les dates. Quand votre père, quoique légitimiste, est-il entré au Conseil municipal de Lille ? Quand a-t-il été nommé président de la Chambre de commerce ? Les affaires de la ville, les intérêts généraux du commerce et de l'industrie, ont été tellement identifiés avec sa vie entière, en dehors même de ses fonctions, qu'on est bien dispensé de chercher à quelle époque il en fut investi. Elles n'ajoutaient rien ni à son crédit ni à ses occupations, ni à la considération dont il jouissait.

En 1844, je quittai Lille et la société entre mon oncle et moi fut rompue jusqu'en 1849. Quand je rentrai dans les premiers mois de cette dernière année, je revenais de l'enterrement de mon frère, à Montpellier, j'étais depuis un an avocat, votre père venait d'être nommé député à l'Assemblée législative. Nous avions alors une façon de république, une espèce de constitution qui ne paraissait pas née viable et une manière de Président qui savait cacher son jeu. Votre père n'aimait ni la constitution, ni le Président, ni la République, ni la charge dont il se trouvait investi. Il lui en coûtait beaucoup, et il lui en coûta en effet beaucoup de laisser la direction de ses affaires. C'est un sacrifice qu'il faisait à ce qu'il regardait comme un devoir. A-t-il jamais envisagé les choses de cette vie à un autre point de vue ?

Sa santé était en ce temps là si compromise qu'elle donnait à tous des appréhensions ; à lui-même plus qu'à personne. Il se sentait en un tel état de lassitude et de prostration qu'il doutait de jamais s'en relever. Tout travail, toute application lui coûtaient, et il ne se soutenait que par l'abandon à la volonté de Dieu à qui il offrait des actes fréquents de résignation à la vie et à la mort. Ses insomnies étaient cruelles, ses douleurs de tête presque continues, son estomac très rebelle. Depuis une gastrite qu'il eut dans sa jeunesse, et qui le conduisit jusqu'aux portes du tombeau, ce dernier organe était resté faible et réclamait les plus grands ménagements. Qu'avait-il dans le fond ? Un excès de fatigue, l'accumulation de ces journées surchargées de travail où depuis 25 ans, à la merci du prochain, il se livrait sans repos ni trêve à quiconque avait besoin de lui.

Les aventures politiques au milieu desquelles toute l'année précédente nous avait roulés, avaient ajouté à tout cela leur part d'agitation, de travail et de combats. C'est par une énergie suprême que la société avait été sauvée d'un naufrage total et nul ne s'était épargné moins que votre père dans l'effort commun. Quel contingent de lumières, d'activité, de courage et de dévouement ne fournit-il pas à la cause commune ? Si l'on n'eut pas à déplorer, à Lille et dans tout le Nord, des scènes tumultueuses et sanglantes comme celles qui se virent à Marseille, à Lyon, à Rouen, à Paris; si Lille n'eut pas ses journées de juin et contribua au contraire au rétablissement de l'ordre à Paris, votre père eut plus de part qu'aucun autre à cet heureux résultat; il paya de sa personne et fut tout le temps sur la brèche, en face d'un commissaire du Gouvernement dont la préfecture de Lille avait été gratifiée et qui était un des chefs les plus avoués de l'anarchie. On organisa alors, contre l'agitation révolutionnaire, une agitation conservatrice ; on créa plusieurs journaux de propagande, parmi lesquels *La Liberté* joua le principal rôle. Le nouveau souverain, tout étonné du pouvoir qu'il n'avait même pas ambitionné et qu'un coup de surprise avait jeté entre ses mains, demandait lui-même à être éclairé et dirigé ; à chacune des élections qui se succédaient à courts intervalles, c'était une masse de deux cent mille citoyens qu'il fallait instruire et remuer. Les moyens n'étaient pas prêts pour une telle action, il s'agissait de les trouver, puis de les mettre en œuvre ; l'ensemble de ces opérations, avec un détail souvent écrasant, retombait sur votre père. Ce n'est pas qu'il cherchât à jouer un premier rôle; mais les autres aimaient à s'en décharger sur lui. Ainsi le journal fondé, à frais communs par les amis de l'ordre de toute opinion, devint peu à peu son journal, et tout le comité électoral se réduisit souvent à sa seule personne avec l'aide de notre cousin Henri Bernard. Il n'est donc pas étonnant qu'après l'élection de mai 1849, il sentît qu'il avait dépassé la mesure de ses forces; d'autres, au moral moins robuste, auraient succombé à la tâche.

On détermina votre père à s'absenter de Lille pour quelques semaines. Il alla demander aux vallons de Spa un peu de repos et de distraction. Il vous emmena ainsi que votre mère, et j'eus l'avantage d'être de la partie ; elle fut des plus agréables. Mon oncle retrouva un peu d'appétit; la liberté,à laquelle il était peu accoutumé, lui plaisait comme à un collégien en vacances. Il grimpait les monts, descendait à travers bois jusque dans les précipices, trouvait tout charmant, pendant que ce qu'il y avait de plus charmant était de jouir de sa société et de sa conversation.Il l'avait si variée et si facile! Le sommeil il est vrai, ne lui était pas revenu. Il aurait fallu bannir toutes les pensées politiques ; il ne le pouvait pas ; une surtout lui était importune, la figure du *Pape exilé* le hantait. Il comptait pour rien d'avoir vaincu les révolutionnaires de France, s'il n'arrachait à leurs mains la ville de Rome et ses habitants asservis. Nous eûmes sur cette *question romaine* des entretiens infinis. Le sujet ne m'était pas aussi étranger qu'à d'autres; j'avais vu la révolution de Naples, j'avais assisté à la proclamation de la constitution et au *Te Deum* ; j'avais été spectateur des premières émeutes de Rome, j'étais au Colisée quand on enrôlait les volontaires pour combattre l'Autriche, j'avais vu brûler, sur la *place du peuple*, l'écusson autrichien; Pie IX et M. Rossi m'étaient connus, j'avais traversé le Piémont en armes. Mon oncle voulait que je lui contasse par le menu toutes les scènes de ce voyage et j'étais d'accord avec lui pour dire que le peuple romain était entre les mains d'exploiteurs ; qu'il n'était pour rien dans l'installation de sa république ; qu'il la subissait ; qu'il fallait lui rendre son Pape , et à ce Pape, ses États, sans aucune réserve ni condition. Votre père fit aussitôt paraître, dans la *Liberté*, plusieurs articles dans le sens de ces conclusions. Il ne les écrivit pas lui-même, parce qu'il avait à sa disposition d'autres moyens de publicité qu'il préférait au journal, mais l'inspiration vint de lui et elle partait d'une conviction sur laquelle il ne varia jamais. C'était la plus profonde de son cœur ; il la fit éclater souvent à la tribune; elle a inspiré jusqu'au bout sa conduite politique. C'est aussi sur cette question romaine que l'orage allait éclater dès les premières séances de l'Assemblée législative. L'attaque dirigée par Ledru-Rollin contre le gouvernement fut des plus vives ; toute l'extrême gauche la soutenait. De la tribune, le tumulte passa dans la rue. Il y eut des barricades ; on se battit, pour et contre le Pape, dans les murs de Paris comme on se battait autour de ceux de Rome. Le Pape et le Président, alors unis, emportèrent cette journée du 13 juin, les instigateurs de l'émeute furent bannis. Ainsi la question que nous débattions, mon oncle et moi, sous les ombrages de Spa, était vivante d'actualité. Votre mère intervenait parfois dans le débat; c'était aussi une vraie Guelfe et fille de Guelfes.

Quoique notre séjour à Spa ne se prolongeât pas au delà d'une quinzaine, nous fîmes plusieurs excursions. Après avoir honoré de notre visite un endroit où une petite rivière fait un saut qu'on a décoré du nom de cascade, et où ce qu'il y a de plus remarquable est un chien qu'on jette à l'eau et qui tourbillonne dans la chute pour montrer à chaque visiteur son adresse et gagner ses dix sous; nous poussâmes, par une belle route, à travers un vilain pays, jusqu'à la ferme d'Houfalise, récemment achetée par la maison Bernard frères et dont l'inspection était échue à votre père. Vous vous souvenez peut-être de ce déjeuner champêtre, des 40 œufs à la coque pour quatre que nous étions, de ces champs à demi-incultes où l'on ne voyait que de maigres avoines, de ces bois rabougris, de ces moutons tondus et efflanqués, de ce fusil dont je m'armai pour tuer le loup s'il voulait nous croquer. Tout ce qui s'offrait à nos regards nous faisait voir, dans l'acquisition Bernard frères, une emplette de peu d'espérance. Ce que j'admirais, c'était l'étendue de la science agricole de votre père. Très instruit en chimie, il parlait des engrais naturels et des engrais artificiels en président de comices, expliquait la nature du sol ; s'entendait au drainage ; distinguait dans l'étable la meilleure laitière. Je me disais, à part moi, que s'il fallait pour être ministre de l'agriculture et du commerce, savoir l'agriculture et les affaires, mon oncle serait l'homme désigné. Nous rentrâmes à Lille sans avoir vu le loup. Quelques jours écoulés, je pris avec mon oncle, qui voulut bien encore accepter ma compagnie, le train pour Paris. La session parlementaire commençait et, comme je l'ai dit, elle commença par une émeute.

Un incident d'une nature toute différente ne tarda pas à se produire. Comme j'entrais un beau matin dans la salle des pas perdus du Palais Bourbon, votre père m'aborde avec ces seuls mots : « Il me tombe une tuile sur la tête. » On dit cela, comme vous savez, depuis que le roi Pyrrhus, celui qui fit trembler les Romains, fut assommé par une tuile dans une rue d'Argos. « Qu'y a-t-il donc ? dis-je à mon oncle. — « On me nomme chevalier de la Légion d'honneur. » — « Quel mal y a-t-il à cela ou quel mal cela peut-il vous faire ? » — « Le mal est tel, reprend votre père, que si ce n'était pas comme industriel et par le jury d'exposition que je me vois décoré, je refuserais. Je ne veux accepter du Président de la République aucune faveur. » — Ces sentiments, dignes d'un Gracque, étaient bien ceux de votre père. Il y avait dès lors en lui, vis-à-vis du futur auteur du coup d'État, une sorte d'aversion que j'appellerais instinctive, si elle n'avait pas été très réfléchie et fondée sur une longue étude des hommes qui lui avait permis de pénétrer le conspirateur, le révolutionnaire, l'ennemi inconscient de l'Église ; il n'avait pas besoin d'attendre que les bombes Orsini, et la campagne du Pô fissent tomber les illusions, il n'en eut jamais aucune sur l'élu du 2 décembre. Ce qu'il m'a dit, dans les tête-à-tête de l'hôtel Sinet, en 1859, sur le compte de notre voisin de l'Élysée, est en accord complet avec nos entretiens de Lambersart après le triste dénouement de Chislehurst.

Il y avait donc alors une exposition des produits de l'industrie, il y eut des récompenses et une séance de distribution. Votre père fut décoré, et j'y étais ; le Président de la République prit la parole, et je l'entendis. Ma curiosité était, je l'avoue, des plus éveillées. J'avais entendu dire tant de choses sur sa personne, lors de l'élection présidentielle, par le public de Montpellier et surtout par les chefs du parti légitimiste ! Depuis lors, tant d'autres choses m'avaient été contées, soit par les nouveaux députés, soit par tous ceux qui se piquaient de savoir les dessous de cartes. Lui-même, d'ailleurs, s'était si peu fait connaître, que j'en étais à me demander s'il était vrai qu'il ne sût pas parler le français, qu'il se divertît à nourrir des aigles en cage, et que, dans la conscience de sa propre incapacité, il eût entamé des négociations avec M. le comte de Chambord pour ramener celui-ci en France ! Beaucoup de gens, dont votre père n'était pas, se payaient encore de pareilles billevesées. Le Président parla, il parla longtemps, il parla avec à propos ; son langage était un français très correct, sa prononciation, un peu terne, parfois hésitante, mais sans défaut. Son air, sa démarche, son maintien, son geste n'étaient certainement pas d'un sot, ni d'un homme ordinaire. Je pus en sortant me dire : j'ai voulu voir, j'ai vu.

La session législative fut très courte. Le choléra sévissait dans Paris. Les législateurs n'étaient pas dévorés par l'impatience de faire de nouvelles lois, ni le pays par celle d'en recevoir. Quant à votre père, rassuré, comme il y avait lieu de l'être alors, du côté de l'expédition romaine et de ses suites, il ne fit que tâter les pavés, constater les divisions et la faiblesse de son parti, mesurer le péril et les inextricables difficultés de la situation. Malgré ses insomnies qui continuaient, malgré sa faiblesse d'estomac, malgré les douleurs d'intestins dont il était souvent assailli, je ne m'aperçus pas une seule fois que le fléau, dont tout le monde avait peur, produisît sur son âme de chrétien la plus légère impression. Il avait dû profiter de son séjour à Paris pour consulter un médecin. Le docteur Gouraud lui imposa un traitement très assujettissant auquel il se soumit ; ce qu'il lui prescrivit surtout et ce qui fut toujours le plus difficille à obtenir, c'est le repos. Certainement que ce qui l'attendait à Lille, quand il y revint, à la fin de juillet, était l'inverse du repos. C'étaient ses affaires augmentées de celles de tous les autres, les comités, les journaux, les conférences, les œuvres et tout ce train qu'on sait de la rue Saint-Nicolas.

A son retour, après les vacances, mon oncle amena à Paris sa famille. Il prit un appartement, dans une rue très paisible du faubourg Saint-Honoré ; je restai son hôte et son commensal, accidentellement son secrétaire. Le petit appartement que j'occupais, contigu au sien, m'avait permis de lui offrir pour son cabinet de travail une chambre qui m'était inutile. J'éprouvais, je l'avoue, une extrême jouissance à goûter dans Paris, pour la première fois, la vie de famille. Une famille comme la vôtre était bien capable de la faire aimer n'importe où. Là du moins, on trouvait la paix. Elle n'existait guère dans l'Assemblée, encore moins dans les rapports entre celle-ci et le Président. Tout, au contraire, y était au plus tendu et souvent au plus aigre. Quand nous arrivâmes, un nouveau ministère était au pouvoir. M. de Parieu avait pris des mains de M. de Falloux le portefeuille de l'Instruction publique, et dans ce portefeuille, il trouvait le projet de loi organique sur l'enseignement, qu'il s'agissait de faire passer. De toutes les questions alors pendantes, puisque celle de Rome venait de recevoir sa solution, c'était celle où votre père prenait le plus d'intérêt. Le projet, qui devint loi au mois de mars de l'année suivante, avait son adhésion, mais sans le satisfaire. Il lutta en faveur de l'enseignement libre, aussi longtemps qu'on put lutter. Sans rêver la destruction de l'Université, il aurait voulu deux choses : l'une, que l'État ne fût plus marchand de soupe, en d'autre termes, qu'il ne tînt plus d'internats à son compte ; l'autre, qu'il accordât à l'enseignement libre des garanties sérieuses contre la tyrannie des examens et des programmes d'études.

A ses yeux, la loi dite de Falloux, était une loi de simple tolérance à l'égard de l'enseignement libre, et cette tolérance pouvait être interprétée et restreinte au gré de chaque gouvernement.

La concurrence, il est vrai, était adoucie, mais c'était la concurrence de l'État qui disposait du budget, des bourses, des bâtiments, d'un personnel immense, et de l'enseignement supérieur dans toutes ses branches. Cette partie si considérable de l'enseignement, cette citadelle du monopole n'avait pas été entamée. Ces réflexions de mon oncle firent alors l'objet d'une suite d'articles qui parurent dans le journal « *La Liberté* » et bon nombre de ses collègues y adhéraient pleinement. Ils votèrent cette loi comme un pis-aller ; mais ils eurent tout lieu de s'applaudir de l'avoir votée, car les circonstances ultérieures ne se sont guère prêtées à une plus complète émancipation. Parmi les points concédés, s'en trouvait un dont on parlait peu, et qui devait avoir les plus heureux résultats. Les religieux n'étaient pas exclus de l'enseignement secondaire, et comme ils avaient reconquis le droit de cité, comme l'habit religieux lui-même avait emporté ce droit d'assaut en reparaissant dans la chaire de Notre-Dame et jusque dans l'enceinte de la Constituante sur les épaules du Père Lacordaire, les nouvelles institutions qui surgirent peu à peu sur toute la France obligèrent l'Université à se tenir sur la défensive, et l'auraient peut-être réduite à capituler si la concession faite aux religieux avait été observée loyalement et si l'on n'avait trouvé un biais pour en paralyser les effets. La plus heureuse des évolutions qui sortit de nos révolutions, c'est à coup sur celle-là.

Dans le temps où elle s'accomplissait, prit place dans la vie de votre père, un incident qui n'eut aucun retentissement. Votre mère et moi en avons été les seuls confidents. Votre père fut appelé à l'Élysée dans le plus grand secret, il eut avec le Président de la République une conférence de laquelle tout ce que je sais c'est qu'elle fut longue, qu'aucun tiers n'y fut admis ; que votre père eut l'ordre et qu'il donna sa parole de ne rien dire de ce qui s'y passa. La connaissance des personnages et du temps permet seulement cette conjecture, que le prince-président voulut se rendre compte des dispositions de votre père au sujet d'une combinaison ministérielle ; ce qui sort de la conjecture, c'est qu'il ne fut pas satisfait. Votre père savait s'expliquer avec modération, et c'est ce qu'il fit, mais il n'usa d'aucune dissimulation, parce qu'il en était incapable. Après comme avant, dans nos rapports confidentiels, il me parla du Président, sans plus d'aigreur, mais avec le même éloignement de toute sympathie pour sa personne, sa politique, ses actes ou ses aspirations. Il était difficile en effet qu'il éprouvât le moindre enthousiasme ou sentît la moindre confiance pour celui en qui il voyait le conspirateur de 1850, le héros de Civita-Castellana, l'affilié des Sociétés secrètes italiennes ; ses préventions à l'égard de l'homme s'étaient accrues par la lettre à Edgar Ney, dont le sens ambigu ne laissait pas, pour quiconque sait lire, d'être explicite, comme aussi, par plusieurs autres communications de M. de Falloux sur les causes qui avaient déterminé sa retraite du ministère. La question italienne était assoupie, on la disait morte ; mais elle devait ressusciter. De quelle manière et sous quelles aspirations? l'ancien ministre de Napoléon III le savait; et tout ce qu'il n'avait pas dit de ce qu'il savait, votre père l'avait deviné.

Aussitôt après le vote du 15 mars 1850, l'Assemblée législative tomba dans un guêpier, c'était la conséquence de la position qui lui était faite par la Constituante, à laquelle elle succédait. Jamais on ne vit enfantement plus malheureux que celui de ces 900 constituants, jamais machine plus incapable de fonctionner. A la tête de tous les pouvoirs, elle avait placé le dualisme : un dualisme sans mitigation, sans correction possible. Un président élu directement par le suffrage universel, en face d'une Assemblée élue directement par le suffrage universel; deux forces égales, deux forces rivales, sans contre-poids. Quand le premier essai se fit, au lendemain du 10 décembre 1848, il était trop tard pour remédier au mal : le duel avait commencé. Pour parler plus exactement, il avait commencé contre l'élu du 10 décembre, avant qu'il fût élu ; on avait déjà tiré son horoscope, on le craignait, et de cette défiance préalable était émané l'article qui interdisait la réélection d'un président sortant. Le même sentiment, transmis d'une Assemblée à l'autre, inspira à la Législative la loi du 31 mai 1849, célèbre alors, aujourd'hui oubliée, qui restreignait notablement l'exercice du suffrage universel. Quelques élections partielles dans le midi de la France en avaient été le prétexte, et, pour quelques-uns sans doute, le motif déterminant; mais celui que cette loi visait véritablement, c'était le Président de la République. Elle lui enlevait la portion de ses électeurs dont la fidélité aveugle lui était le plus assurée. Il laissa passer la loi, et c'est seulement quand elle fut votée, qu'il afficha publiquement, et qu'il fit sonner bien haut un mécontentement qu'il n'éprouvait pas ; ses ennemis, en voulant lui nuire, le servaient à souhait. Ils mettaient entre ses mains le même levier qui avait servi à renverser la monarchie de Juillet, et qu'il employa à son tour, au 2 décembre, pour renverser l'Assemblée.

Les longues vacances de la Législature ne servirent pas à pacifier les esprits. Pendant que la tribune de Paris était muette, il s'en improvisa dans toutes les provinces. Le Président voyagea, fit des discours, entendit des harangues peu constitutionnelles, reçut des ovations qui l'étaient encore moins. Il y eut Satory, des grandes manœuvres militaires, des festins, du champagne, des acclamations, du bruit, et, sous ce bruit, des manœuvres autres que les manœuvres militaires, habilement dissimulées.

Les vacances terminées, les pouvoirs rivaux se retrouvèrent en présence. La session s'ouvre avec une déclaration de guerre à l'Assemblée par le Président, il révoque le général Changarnier de ses deux grands commandements ; le général en chef de la garde nationale, commandant toutes les forces militaires de Paris, est destitué. Ce général avait-il l'intention qu'on lui prêtait de jouer en France le rôle de Monck? Songeait-il à une restauration monarchique? et s'il songeait à une restauration, vers quelle monarchie tournerait-il les yeux? Ce qu'il y a de certain, c'est que, en cas d'attaque contre l'Assemblée, il eût été avec elle, et que son nom seul valait une armée. A cette provocation l'Assemblée répondit par un blâme au Président, par le refus d'une allocation que le ministère demandait pour lui, par la déroute du ministère. Le Parlement n'eut plus devant lui qu'un ministère dit de transition. Au milieu de ces conflits, une question dominait les autres, et au mois de mai 1851 elle arrivait à son échéance. A cette date, on put constitutionnellement demander la revision de la Constitution; l'affaire traînait déjà depuis deux ans; beaucoup d'amis et aussi beaucoup d'ennemis du Président n'attendaient que le moment. Quatre-vingts conseils généraux avaient pétitionné dans le sens de la revision et, à défaut, tous demandaient au moins la prorogation des pouvoirs présidentiels. La proposition eut pour elle les deux tiers des votes, mais cette majorité ne suffisait pas. Il fallait les trois quarts des suffrages ; on se retrouva donc comme on était. Il devint clair qu'il n'y avait plus d'autre solution qu'un coup d'État. Serait-il tenté par l'Assemblée contre le Président, ou par le Président contre l'Assemblée? Là était l'alternative.

Votre père, pendant toute cette session, n'avait pas cessé de me conter ses peines; elles étaient extrêmes ; décidé à maintenir la République et à soutenir la Constitution, il n'avait été conduit à ce parti par aucun enthousiasme : la République ne fut jamais son idéal, et il ne se trompait point assez sur la Constitution pour y voir un palladium. Les deux institutions du présent n'avaient pour lui qu'un caractère provisoire, mais il espérait voir durer ce provisoire jusqu'à ce qu'on pût arriver au définitif. De définitif, pour votre père, il n'y en avait que dans le rétablissement de la monarchie héréditaire. Ce qui se passait autour de lui, depuis trois ans, n'était pas de nature à ébranler cette conviction. Or, il était clair que le provisoire croulait, et qu'il serait remplacé par un autre provisoire; que la France allait courir d'autres aventures plus dangereuses que celle d'où elle sortait. Jamais la vraie restauration monarchique n'avait paru plus éloignée qu'au moment où on était arrivé. La masse du peuple, lettrés ou illettrés, riches ou prolétaires, ouvriers des villes ou cultivateurs, était fanatisée par le nom de Napoléon. L'armée subissait le même prestige; dans l'Assemblée législative, qu'y avait-il ? Votre père me disait : « La Chambre est une vraie Babel », se servant en cela de la même épithète que M. de Montalembert lui appliqua au lendemain du coup d'État : « C'est le gâchis. On dit que la République est le gouvernement qui nous divise le moins, il est aussi celui qui laisse subsister toutes nos divisions et qui les accroît. Le fractionnement des partis devient tel dans l'Assemblée qu'il n'y reste plus que l'individualisme ». — Il ne jugeait pas son propre parti d'une manière beaucoup plus favorable : — « Il se compose, disait-il, de quelques individualités brillantes, mais sans entente, sans cohésion, sans subordination; j'entends blâmer la politique de Mgr le comte de Chambord, on la taxe d'excès de prudence, de timidité, elle montre à mes yeux qu'il connaît la situation. »

Au milieu de ces pensées décourageantes, votre père ne se décourageait pas. Il ne perdait rien ni de son égalité d'âme ni de son activité. Celle-ci était tenue en haleine, soit à l'Assemblée et dans les commissions, soit dans son cabinet, pour une foule de questions qui touchaient aux intérêts du Nord, à son commerce, à ses industries. En plus de ces affaires d'intérêt général, celles qui ne concernaient que les particuliers ne pouvaient qu'affluer chez un homme dont on connaissait la constante disposition à obliger. Son crédit à Paris auprès de plusieurs ministres, celui, beaucoup plus considérable, qu'il exerçait dans le Nord auprès de toutes les autorités constituées, la facilité avec laquelle il se prêtait à soutenir toute cause dont il avait apprécié l'équité et à faire des affaires d'autrui sa propre affaire, tout cela avait pour résultat qu'il était harcelé. Sa correspondance était énorme, elle absorbait tous ses loisirs parlementaires. Quelquefois il s'en déchargeait sur moi, mais c'était l'exception se réduisant au cas d'absolue nécessité. Comme vous ne l'ignorez pas, votre père n'avait renoncé à aucune de ses œuvres de charité. De Paris, il en surveillait le développement et les progrès; ce surcroît de sollicitude ne fut jamais de ceux dont il chercha à s'affranchir. Il trouvait dans cette surcharge même sa consolation. Il n'eut jamais à s'examiner le soir sur la perte du temps, ce cas de conscience n'existait pas pour lui. Si quelqu'un eût dû intervenir d'autorité, c'eût été son médecin pour interdire ces excès de travail, cette fatale dépense de son temps, mais il semblait que la santé même de votre père s'en accommodât; elle était devenue meilleure. A quel point il avait l'esprit éveillé sur tout ce qui touche à la charité, et comme il était toujours aux aguets pour ne laisser échapper aucune occasion de faire le bien, c'est ce que montre un seul trait. On entrait alors dans la période la plus orageuse de la législature, on commençait à s'agiter pour et contre la revision. Revenu de la messe, de bonne heure suivant son habitude, mon oncle était dans son cabinet et parcourait les journaux. Il m'appelle; une petite porte dissimulée donnait communication de son cabinet dans le mien; je parais : « Ernest, me dit-il, connais-tu les Petites Sœurs des Pauvres ? — Non, mon oncle, je ne les connais nullement. — Tu n'as pas entendu parler d'elles ; tu ne sais pas où elles demeurent ? — En aucune façon. — Au moins tu connaîtrais quelqu'un dans Paris qui te renseignerait. — Je connais Mme la marquise de Ménilglaise, qui écrit de jolis articles dans les *Annales de la Charité*, et à qui rien n'échappe de ce qui se fait de bien dans Paris. — Va donc, reprend mon oncle, visite l'établissement, tu me rendras compte ensuite. »

Dès le soir, je faisais mon rapport, qui n'était pas des plus favorables; des bâtiments pris en location, qui avaient fait partie du Val-de-Grâce quand le

Val-de-Grâce était la Visitation; ces bâtiments en mauvais état sentaient la vétusté, mal appropriés, peu de mobilier, et ce qui s'en voyait aussi caduc que les vieillards recueillis. L'aspect de ces vieillards assez étrange; les figures et la toilette en rapport avec le quartier Mouffetard; dans la maison entière des signes non équivoques de pauvreté; voilà ce que j'avais vu, et ce que je relatai. L'impression sur mon auditeur ne fut pas du tout ce que j'attendais. Le voilà, en effet, qui s'écrie : « Tout cela est fort beau! tout cela est fort beau! C'est la vraie charité! » Puis, prenant son ton de présidence, comme s'il occupait son fauteuil à la conférence, il se met à me dire beaucoup de mal de la bienfaisance administrative, beaucoup de bien de toutes les œuvres qui substituent à cette bienfaisance légale la charité privée. Sa conclusion fut : « Il n'y a de salut que par là. Cette œuvre est une œuvre de salut social. Il faut qu'elle soit implantée à Lille. — Cherche le fondateur, ajouta-t-il, dis-lui qu'il vienne déjeuner chez moi, je veux m'entretenir avec lui. » Deux jours plus tard, Monsieur Le Pailleur déjeunait rue Rumfort. Le repas terminé, il s'enfermait avec mon oncle, je fus admis en tiers à l'entretien qui dura longtemps. Votre père l'ouvrit par un petit discours, à la manière de celui qu'il avait tenu l'autre soir avec moi, et qui fut suivi d'une série de questions; ses plus importantes étaient celles qui regardaient les voies et moyens.

A ces questions, le fondateur répondit en substance : qu'il venait de promettre les fondations de

Marseille et de Lyon; qu'il était disposé à accepter celle de Lille; que tout ce qu'il exigeait, comme condition préalable, était l'autorisation de l'archevêque de Cambrai et l'assentiment du préfet; qu'il n'était pas nécessaire de mettre une maison à sa disposition; que les sœurs, en arrivant, en chercheraient une, et qu'avec l'aide de Dieu, elles trouveraient ; qu'il ne désirait en aucune façon avoir un certain nombre de fondations de lits ou de revenus assurés, parce que ces filles étaient habituées à vivre au jour le jour des bienfaits de la Providence; qu'il ne voyait pas davantage la nécessité de mettre à leur disposition un capital en argent, parce que leur capital était la quête et la confiance en Dieu; que tout ce qu'il demandait était un délai pour préparer les sujets, attendu que, pour le moment, il n'en avait pas de disponibles.

Ce langage surprit votre père autant qu'il l'édifia; on n'est guère habitué à en entendre de pareil. Votre père dit qu'il ferait en sorte de remettre aux sœurs, quand elles arriveraient, une somme de dix mille francs; à quoi le fondateur répondit qu'il n'en faisait pas une condition. La convention fut arrêtée sur ces bases. Quand le fondateur eut pris congé, mon oncle s'écria: « Je n'ai jamais rencontré tant de désintéressement, ni une pareille confiance en Dieu ! » Dès le lendemain, il écrivait à son Édouard Lefort et à quelques autres coryphées de la charité lilloise; j'étais délégué pour aller trouver à Cambrai Son Éminence le cardinal Giraud, et pour donner, tant à la préfecture du Nord qu'au clergé de la ville, les explications nécessaires. J'eus là une belle occasion de voir à quel point le crédit de mon commettant était solide, puisque son seul nom enleva les suffrages de tous. L'abbé Bernard, le vicaire général, notre cousin, entra avec enthousiasme dans le projet, et s'en fit le promoteur. Quand je revins à Paris, comme il n'y avait absolument rien à préparer pour la fondation, tout était prêt. Elle eut lieu en janvier 1852. De la maison de Lille sortirent toutes celles du Nord, puis celles du Pas-de-Calais et de la Belgique. A l'initiative de votre père appartient tout le bien qui s'y est fait et qui s'y fera. C'est ainsi qu'il se consolait des déboires de la politique.

Les vacances suivirent de près le vote sur la revision de la Constitution. Mon père me revendiqua, et me mena en Angleterre. Je me trouvai donc, pendant la plus grande partie des vacances, séparé du vôtre. Quand nous revînmes, aux derniers jours d'octobre, la crise avait commencé. L'Assemblée acheva de se brouiller avec le Président, en rejetant son projet de loi qui rétablissait le suffrage universel. En repoussant celui de ses propres questeurs, qui lui eût conféré le droit de requérir la force armée pour sa défense, elle brûlait ses vaisseaux. La question n'était plus celle du commencement de l'année : « Qui fera le coup d'État ? » Celle qui se posait alors était : « Quand le Président fera-t-il le sien ? »

Je m'en fus, le 1er décembre, dîner au faubourg St-Germain, dans la famille d'un de mes amis, jeune officier d'état-major, que je n'avais vu depuis longtemps ; il me contait sa campagne des journées de juin 1848. Minuit sonnait quand je sortis de chez lui; il voulut m'accompagner jusqu'à la place de la Concorde. La nuit était belle et la ville très déserte; en passant sur le pont, nous apercevons une forte patrouille qui marchait vers le palais Bourbon, et, à sa grande surprise, mon ami reconnaît que celui qui marche à la tête de cette patrouille est un général. Mais ni le général, ni la patrouille, ni les réflexions que nous avions échangées sur cette rencontre, ne m'empêchent de m'endormir profondément en rentrant au logis. Je dormais encore, et le jour commençait à paraître, quand une voix connue fait retentir à mon oreille ces paroles : « Monsieur, il y a un coup d'État »; la voix était celle de Fidéline (1). Les paroles s'adressaient à mon oncle qui, plus matinal que son neveu, faisait sa prière du matin dans son cabinet. Elles étaient à peine achevées que votre père avait disparu. Énée, quand il sut que Troie était en feu, ne se leva pas plus vite que je ne le fis. Aussitôt vêtu, je me rends dans l'appartement de votre mère, elle me dit qu'elle veut sortir, qu'elle veut voir ce qui se passe, qu'elle veut suivre son mari; toutes les réflexions que je lui oppose ne servent de rien. Elle s'obstine; elle emmène avec elle deux de ses filles; nous voilà dans la rue. La première chose que nos yeux rencontrent, ce sont les fameuses proclamations signées : Napoléon, contresignées : de Morny; la dissolution de l'Assemblée, la mise en

(1) Nourrice de l'un des fils de M. Kolb-Bernard, restée à son service jusqu'à sa mort.

état de siège de la première division militaire, le rétablissement du suffrage universel; puis, l'aimable invitation adressée aux Parisiens, de rester chacun chez soi, sous péril de la vie. Nous arrivons jusqu'à la *Madeleine* sans rencontrer un chat. Là commencent à se montrer quelques blouses qui cheminent dans la direction de l'Élysée. Au carrefour de la rue St-Honoré, elles se montrent un peu plus nombreuses; au débouché de la rue de Rivoli, c'est une foule qui s'avance lentement, par petits groupes, sans bruit ni démonstration, aussi taciturne que la foule de Cheapside ou du Strand, à l'heure des affaires. De là, nous voyons que le palais Bourbon est gardé militairement; on nous assure qu'il n'y reste pas un seul représentant. Sur mon invitation, ma tante se décide à reprendre le chemin du logis; je l'accompagne jusqu'à la Madeleine et me voilà à la recherche de son mari.

Je ne tarde pas à apprendre qu'un grand nombre des expulsés du palais Bourbon, ou de ceux qui n'avaient pas pu pénétrer, y tenaient une séance à la mairie du Xe arrondissement. J'y cours. J'arrive au moment où le poste de la garde nationale venait d'être désarmé. Une voix m'appelle, c'était celle d'un de mes amis, fils de député, qui, en compagnie de M. Arthur Berryer, occupait le balcon du 1er étage d'une maison qui fait l'angle de la rue des Sts-Pères et la rue de Grenelle. Nous voilà réunis, à vingt pas de la mairie, ayant la porte en face de nous. Cette porte était fermée comme toutes les fenêtres. Mes amis me disent que plus de deux cents représentants sont à l'intérieur, que mon oncle n'en est pas, mais bien leurs pères à tous les deux. Dans la rue, point de foule, quelques groupes de curieux, un silence de tombeau. De notre balcon, nous voyons s'avancer, par le bas de la rue de Grenelle, un bataillon de chasseurs à pied. La troupe marchait à petit bruit, sans tambour ni trompette. Il n'y en eut ni ce jour-là ni le suivant, les ordres se donnaient à voix basse. Celui qui commandait la colonne était le général Carrelet qui s'était illustré dans les guerres d'Afrique. Il n'avait pas encore pris position lorsqu'une des fenêtres de la mairie s'ouvre. M. Berryer paraît; d'une voix qui retentit jusqu'au carrefour de la Croix-Rouge, il proclame la destitution du Président de la République; la nomination de M. Boulay de la Meurthe à la place du président déchu; celle du général Oudinot, comme commandant de toutes les forces militaires de Paris; celle de Tamisier comme chef d'état-major de la place. Pendant ce temps, le général Carrelet fait avancer son monde; occupe les entrées de la rue de Grenelle et de la rue des Sts-Pères; donne à voix basse l'ordre de charger les armes. Je ne sais pas s'il y eut un cri dans la foule, ou plutôt parmi les quelques curieux qu'on avait écartés et dont les rangs n'étaient pas épais. La fenêtre de la mairie s'était refermée. Près d'une heure s'écoula sans qu'on sût ce qui allait se passer. Comme l'apparence du quartier était toute pacifique, qu'on ne voyait nulle part aucun signe de résistance, nous crûmes qu'on permettait aux représentants de rentrer chacun chez soi. Je n'avais toujours pas de nouvelles de votre père et je profitai de l'entr'acte pour aller en chercher dans quelques maisons amies du voisinage. Je revins sans plus d'informations, trouvai la rue de Grenelle dégagée, la porte de la mairie ouverte, et appris qu'on venait de transférer au Conseil d'État les 220 qui avaient voté la déchéance, car c'est là le chiffre exact des représentants enfermés à la mairie; leur vote avait été unanime. M. Dupin n'y était pas; c'est à M. Benoist d'Azy, ami intime de mon oncle, et de qui il ne se séparait sur aucune question, qu'était échu l'honneur de présider. Mais où était-il cet oncle? Par un bonheur providentiel, je le rencontrai enfin, vers trois heures de l'après-midi, dans la rue, au carrefour Bussy; cinq autres représentants l'accompagnaient. Il fut très content de me voir, et me pria de retourner au plus vite rue Rumfort pour rassurer ma tante et dire qu'on ne tarderait pas à le revoir au logis. C'est seulement le soir que j'eus de lui le récit de sa journée. Voici à peu près comme c'était : sur la communication de la bonne Fidéline, votre père avait couru, plutôt qu'il n'avait marché, jusqu'au palais Bourbon; mais la distance est grande, l'occupation militaire avait eu lieu dès la première aube, votre père trouva donc le palais fermé et gardé, et aux alentours rien que des gens payés pour ne pas parler. Ce ne fut donc pas sans peine, ni sans une grande perte de temps, qu'il finit par savoir la réunion de ses collègues à la mairie. Pendant cette enquête, il fut rejoint par les cinq autres représentants dont j'ai fait mention plus haut. Ils prirent ensemble le chemin de la rue de Grenelle, arrivèrent jusqu'aux abords gardés par les troupes du général Carrelet, tentèrent inutilement le passage par divers points, plus ils se disaient représentants, plus on le leur refusait; ils n'entendirent même pas la proclamation de M. Berryer; elle eut si peu d'écho, et on parlait si peu ce jour-là, que personne ne la leur redit. Ils en étaient encore à ignorer ce qui s'était passé à la mairie du Xe arrondissement et quels étaient ceux qui s'y trouvaient lorsqu'ils virent défiler le cortège des prisonniers qu'on conduisait entre deux rangs de soldats, jusqu'au palais du *Conseil d'État.* Ils demandèrent alors à ce qu'on les adjoignît aux autres, eurent un pourparler avec un officier supérieur, démontrèrent leur droit à se faire incarcérer, n'obtinrent qu'un refus. Alors ils essayèrent de forcer la consigne. Cette tentative n'ayant pas mieux tourné que les autres, ils errèrent pendant quelque temps dans le voisinage, et quand je les rencontrai leur patriotisme était à bout de voies. Ils venaient de se faire refuser une dernière fois à la porte du Conseil d'État l'entrée de la prison. Malgré les émotions de la journée, mon oncle n'avait rien perdu de sa sérénité. Il fit froidement le récit de ces péripéties. Son christianisme lui était venu en aide; comme il savait voir dans tous les événements de la vie la conduite de Dieu, et comme au-dessus de toutes les choses qu'il aimait, celle qu'il aimait de préférence était la volonté de Dieu, il l'acceptait. « Quelle humiliation pour le pays ! disait-il. Ce qui s'inaugure en ce moment, c'est le règne de la corruption ; la corruption dans l'armée, la corruption administrative, la corruption en tête de tous les pouvoirs, un Bas-Empire, plus bas que n'a été celui de Bysance. Dieu veut humilier la France, elle mérite d'être humiliée, elle ira jusqu'au fond des humiliations. » Le dépit ou la passion ne lui arrachaient pas ces exclamations, il était très calme en parlant. Trois années passées à étudier les vues du président, sa tactique et ses amitiés, avaient produit cette conviction qu'il exprimait devant nous.

Il y avait cela de particulier pour moi, que le 3 décembre était le jour où je devais subir, à l'École de droit, ma dernière thèse. L'agitation des derniers jours était une singulière préparation, j'avais passé ma thèse de licencié le 22 juin 1848, j'eus une fois de plus, en 1851, l'occasion de reconnaître que de grandes commotions politiques et le danger imminent des barricades, sont plus favorables que nuisibles au candidat. Je revêtis la toge en un jour où ce n'était pas le temps d'appliquer le *cedant arma togæ*. Mes juges en toge n'ignoraient pas qu'on faisait des barricades au faubourg Saint-Jacques ; mon affaire fut donc expédiée lestement. Quand Beugnot, l'appariteur, vint me dire, après une minute de conseil : le candidat est reçu, je trouvai qu'il avait la mine effarée. « C'est de la violence, s'écria-t-il, c'est de l'illégalité ! ce régime-là ne peut pas durer ! » Nous nous connaissions de vieille date, je le remerciai de la série d'examinateurs qu'il m'avait composée et me retirai.

Le Paris du 3 décembre ressemblait à celui de la

veille, et pas du tout au Paris ordinaire. Un Paris sans voitures, sans omnibus, sans mouvement d'habitants, sans boutiques, sans vendeurs de journaux, sans nouvelles. La promenade était belle du Panthéon à la rue Rumfort. Je la rompis en entrant aux bureaux de l'*Univers*, trouvai M. Eugène Veuillot seul, et le priai de me dire ce qui se passait. Il en savait autant que moi. « On se bat au faubourg du Temple et au faubourg Saint-Jacques, on vient de nous annoncer une barricade près de la Croix-Rouge; si vous avez intention de rentrer chez vous, ne perdez pas de temps. » Telle fut sa harangue dont je profitai. Votre père avait passé la journée à peu près comme s'il avait été enfermé avec ses amis au Mont-Valérien, ou bien à Mazas, en compagnie de M. Thiers et du général Changarnier; mais quand il sut, le soir venu, qu'on se battait et que c'était pour de bon, et qu'on tirait le canon au boulevard Poissonnière, et qu'on venait de faire marcher le régiment de la rue de la Pépinière, caserné à notre porte, il ne sut plus tenir en place et voulut voir. Je l'accompagnai ; nous marchions bon pas. La foule ne nous gênait pas, en vingt minutes nous étions au boulevard des Capucines, où nous voyions défiler un bataillon d'infanterie. Il marchait au pas de charge, en ordre de bataille, au milieu de la chaussée, avant-garde et arrière-garde, des piquets détachés sur les côtés. Nous suivons jusqu'à la rue Le Peletier. En ce moment, partent, de la rue Richelieu, quelques cris de *Ratapoil* qui, cette nuit-là, étaient des cris séditieux ; dans cette même nuit, marcher à deux était former un groupe, et les groupes étaient interdits. Un des piquets qui nous précédaient sur le trottoir fait donc volte-face et charge à la baïonnette sur le groupe composé de votre père et de moi. Nous avions de l'avance et bonne jambe, nous réussissons à nous esquiver dans la rue Laffitte. Pendant que nous soufflions de notre course, le seul être vivant qu'on aperçût s'approche de nous, c'était une vieille femme qui nous dit : « Messieurs, ne restez pas ici, il n'y fait pas sain; on a tiré tout à l'heure du péristyle de Notre-Dame de Lorette, et tué trois hommes. — Merci, ma bonne femme. » Sur cet avis, nous entrons dans une rue latérale, et battons en retraite vers la rue Rumfort, en bon ordre, sans être inquiétés. Voilà tout ce que nous vîmes de l'action, et ne sûmes jamais ni pendant, ni après, ce qu'il y a eu de sérieux dans cette bataille. Je crois qu'une bonne relation est encore à faire.

Le lendemain, 4 décembre, Paris renaissait. J'allai, avec mon oncle, rendre visite à quelques libérés du Mont-Valérien. Nous en trouvâmes plusieurs réunis chez le comte d'Hespel ; ils étaient tous du Nord et nous contèrent d'abord leur aventure : le départ du quai d'Orsay, les omnibus trop petits pour le nombre des voyageurs, le silence des rues de Paris, l'escorte, l'arrivée à la Bastille, le souper, les chambres, les lits, la triste nuit, le pire réveil, l'inquiétude, le bruit lointain du canon, l'absence de nouvelles, la surprise de la délivrance; le tout dit avec un ton d'exaspération et semé de paroles malsonnantes à l'adresse du président. Mon oncle eut ensuite la parole pour rendre compte de sa journée; après quoi, ils arrêtèrent unanimement de dresser une protestation énergique et de l'envoyer au journal *La Liberté;* avec la même unanimité, ils me chargèrent de la rédaction. Je ne me pressai pas d'obéir. Peu à peu, le calme revint dans les esprits et des conseils plus sages prévalurent. On se dit que le résultat direct de cette protestation serait de faire supprimer le journal; que la résistance de l'assemblée, et en particulier celle des représentants du Nord, s'était suffisamment affichée pendant les derniers jours; que le public, loin d'en demander davantage de leur part, souhaitait uniquement la pacification; que le parlementarisme était ce qu'il y avait en ce moment dans le pays, de plus discrédité; que les millions de suffrages donnés à Napoléon, l'avaient été par des électeurs qui savaient son dessein de devenir autre chose qu'un président de République, et qui voulaient, en donnant leur voix, qu'il devînt cette autre chose; que la guerre civile, si on réussissait à l'allumer, servirait, non point à la cause conservatrice, mais à celle du parti qui venait de faire les barricades de Paris; que tout ce qu'il y avait de plus expédient, dans les circonstances présentes, était de se taire et d'attendre. — Pendant qu'on parlait ainsi et dans le même temps qu'on arrivait à cette conclusion, la résistance de la rue avait cessé. Le journal *La Liberté*, qui s'était compromis jusqu'à la témérité pour la défense de la Constitution défunte, changea de titre et de rédaction; il devint la *Vérité* et prit la douceur de l'agneau.

J'avais terminé mes études. Mon oncle n'était plus réprésentant. Rien désormais ne me retenait à Paris : dès la mi-décembre, j'étais à Lille. Avant la fin de l'année, j'avais quitté la France pour n'y revenir de longtemps.

Voilà ce que je retrouve de mes souvenirs épars dans un passé déjà lointain. Ils me rappellent un homme qui est à jamais digne de toute notre admiration.

Agréez, chère cousine, en sa mémoire, l'hommage de mon amitié.

E. L.

PR.

La Tour, 16 Août 1888.

Ma chère cousine,

Le coup d'État de 1851 ayant rompu, d'une manière qui m'a coûté des larmes, l'association bénie qui s'était établie entre votre père et moi, je n'ai aucune intention de pousser plus loin une narration qui serait estropiée, je n'en ai pas non plus les moyens. Dans les 37 ans qui vont suivre, et qui ont été pour votre père la période la plus occupée de sa vie, celle où il a pu rendre le plus de services à son pays, c'est à peine si j'ai eu le bonheur de passer vingt jours dans sa compagnie, et ces jours furent disséminés de telle façon sur ce long cours d'années, qu'ils ne peuvent présenter aucune action suivie. Parmi ces souvenirs éparpillés et sans nulle suite, il y a pourtant des faits que je ne puis omettre, parce qu'ils ont servi à m'éclairer davantage sur les vertus de votre père et à accroître mon admiration.

Au moment même où je le quittai, Dieu lui faisait une des grâces les plus signalées qu'il ait reçues dans le cours de sa longue carrière. Il consolait ainsi le cœur du père des épreuves du représentant. Dieu lui donnait un gendre digne de ce cœur de père, digne de cette fille aînée en qui on trouvait, avec tous les dons qui peuvent plaire, la supériorité de l'esprit, une vertu solide, la piété sincère qui distinguait ses parents. J'avais vu mon futur cousin avant de partir, je lui avais serré la main, je connaissais trop bien la famille de son père et celle de sa mère pour qu'il me fût un étranger. Il n'y avait rien de plus honorable dans le pays, jamais homme non plus ne correspondit plus pleinement à la haute estime qu'on avait conçue pour sa personne. Négociant comme son beau-père, ayant, comme ce beau-père, à diriger des affaires considérables, ce que celui-ci était à Lille, il le fut au Havre, et jamais il ne craignit de faire aux œuvres de religion et de charité les sacrifices de temps ou d'argent qu'elles réclamaient. C'étaient des devoirs qui pour lui primaient tous les autres. Jamais beau-père et gendre n'ont été plus intimement, plus invariablement unis, jamais gendre ne fut jusqu'à ce point un fils pour son beau-père. Cette alliance fut un bonheur pour toute la famille. Elle me consola pendant mon voyage et, quand je fus à Rome, j'en rendis de solennelles actions de grâces à Dieu. C'est sous ces heureux auspices que votre père reprenait à Lille, pour n'en point sortir pendant huit années, la vie de famille et d'affaires, son cabinet de la rue Saint-Nicolas, et ce que je dois appeler son apostolat.

L'année 1855 me ramena deux fois à Lille, à de courts intervalles et pour peu de jours. Je trouvai votre père enthousiasmé; il avait réussi. Les terrains nécessaires à l'érection de *Notre-Dame de la Treille* avaient été achetés, la première pierre de la basilique avait été posée ; le concours proposé à tous le architectes du monde avait mis aux mains de la commission un plan magnifique et colossal ; plus il était colossal, plus on en était content, et ce qui satisfaisait votre père, plus qu'aucun des honneurs reçus dans tout le cours de sa vie, le président de cette commission, c'était lui. « Allons voir le terrain », me dit mon oncle, après les premiers embrassements; le long du chemin, il me conte sa légende où le merveilleux ne manquait pas ; l'acquisition à elle seule aurait fourni un volume. On avait dû traiter avec plusieurs propriétaires ; les uns vivaient en France, les autres à l'étranger, aucun n'avait le désir de vendre, et s'ils s'entendaient entre eux, c'était pour tenir la dragée haute. Tous pourtant vinrent à composition, on ne paya pas les terrains trop cher, les différentes signatures furent données à point. Le 29 juin 1854, l'abbé Bernard devenait propriétaire de l'immeuble, ou plutôt de la collection d'immeubles. Le 1er juillet, on posait la première pierre; le 2 juillet,la grande procession jubilaire, commémorative de celle de 1254, s'était déroulée par les rues de Lille. Pendant notre inspection du terrain, votre père me disait : « Il y a ceci de plaisant, c'est que nous profitons des travaux exécutés par la Révolution de 1848. Il y avait sur notre terrain un mont que les ateliers nationaux d'alors ont aplani. A cette époque, l'emplacement était à la Ville ; la Ville n'avait pas d'autre emploi à donner à tant de bras, elle a transporté pour nous, par le canal que voilà, vingt mille mètres cubes de déblais. » De là, il passait au récit de cette première pierre du 1er juillet et de tous les personnages qui y figurèrent ; il y avait des cardinaux et des évêques, une quinzaine je crois ; un clergé à remplir l'église Sainte-Catherine ; toutes les autorités civiles et militaires. Il y avait le Maire de Lille, il y avait M. le Préfet du Nord, et ce préfet, comme disent nos bonnes gens de Bretagne, avait prêché, il avait annoncé aux fidèles une ère nouvelle, une ère de piété, la restauration du temple, le relèvement des murs de Jérusalem. Puis vint la journée du lendemain, digne suite de la veille : par toutes les rues des festons, des guirlandes, des oriflammes, des tentures, un ciel affreux et menaçant, jusqu'à trois heures de l'après-midi ; au moment où la procession s'ébranle, un soleil radieux qui chasse les nuages ; le cri de la foule, c'est la Sainte-Vierge qui a fait son miracle, le défilé qui n'en finit plus ; tout le long du parcours une foule compacte, telle qu'aucune fête lilloise n'en avait jamais réunie ; partout le respect, partout le recueillement. Une chose enlevée, triomphante, telle qu'on en vit à peine dans les plus beaux siècles de la foi. « Me voilà donc, me dit votre père, l'associé de l'abbé Bernard, je l'étais déjà de ses frères, il n'y a plus qu'à bâtir, on va s'y mettre sérieusement. »

Cet associé de votre père, cet abbé Bernard, ce vicaire général, cet ex-curé de Sainte-Catherine, sous une figure douce, souriante, aimable, un air modeste, des manières prévenantes, c'était l'ambition personnifiée ; non pas ambition des honneurs, puisqu'il refusa obstinément d'être Evêque, mais un insatiable désir de tout ce qui peut servir àf aire refleurir la religion, un homme à qui il ne faut pas dire : il y a tel bien qui se fait dans telle ville, car aussitôt, il voulait se l'approprier pour Lille. La jalousie qui s'éveillait en lui ne lui laissait plus de repos jusqu'à ce qu'il eût doté sa propre ville des mêmes avantages. Sa témérité ne connaissait point de bornes, lorsqu'il s'agissait des intérêts de l'Église. Ses frères ne lui résistaient pas, ni votre père, ni le mien, ni personne de ceux avec qui il avait des relations de famille; il entraînait jusqu'aux étrangers. Il paraissait, le sourire aux lèvres, tout plein de traits d'esprit, de réparties fines, de mots plaisants ; avant de s'asseoir il avait gagné sa cause. Portant en son âme des peines cuisantes, harcelé par la maladie, épuisé par les longues insomnies, il savait se composer, paraître gai, garder pour Dieu seul le secret de ses douleurs. En lui, se vérifiait le mot de saint Paul : — quand vous donnez, donnez gaîment ; Dieu vous en aimera davantage. — Il faut pourtant l'avouer, malgré tout ce que le début avait de séduisant, cette cathédrale à bâtir n'en était pas moins une lourde charge qu'il venait de poser sur les épaules de votre père. Ce que celui-ci avait à porter était déjà un fardeau suffisant sans cette addition. Mon oncle fut toujours l'ennemi de son propre repos ; il le fit assez voir en cette occasion. Je pus en ce même voyage constater que son zèle pour les Petites Sœurs des Pauvres ne s'était pas refroidi. Dés la première année de leur fondation, il avait voulu me conduire chez elles et me donner le spectacle de leur installation. Il s'y complaisait lui-même, comme à une preuve visible et irréfutable en faveur de sa thèse favorite : le salut par la charité privée. En 1855, il s'agissait d'agrandir le local, et, pour cela, il n'y avait qu'un moyen, l'acquisition d'un bâtiment contigu et d'une cour assez vaste qui en dépendait. A cela il y avait un obstacle, c'est que le propriétaire ne voulait pas vendre. M. D..., un des premiers industriels du Nord, devenu récemment l'acquéreur du domaine, ne consentait à se dessaisir à aucun prix, il en avait besoin pour son industrie. Ceux qui avaient tenté des démarches étaient revenus découragés, mais votre père ne se rebuta pas. Il me prit avec lui pour que j'introduisisse la question, et nous partîmes trouver M. D..., dans son château. Nous vîmes dès l'abord que la visite était très agréable à celui qui la recevait ; un épanouissement de bon augure parut sur ses traits, le visage ne se rembrunit pas trop lorsque, après les compliments, j'entamai la question. Vous savez si votre père a manqué de tact une seule fois dans sa vie ; ce qu'il en fit paraître, ce jour-là, avait de quoi surprendre. Après avoir dit l'intérêt qu'il portait à l'œuvre des Petites Sœurs des Pauvres, l'excellence de l'institution, la sympathie du quartier, celle de la ville entière, il fit valoir d'autres considérations si bien déduites au point de vue industriel et si assorties à la couleur de l'esprit de M. D..., qu'il fut interrompu par un « n'allez pas plus loin ; la chose est faite. Je vous cède la maison au prix qu'elle me coûte. Vous paierez quand vous voudrez ». Les Petites Sœurs devaient un beau cierge à saint Joseph! à partir de ce jour M. D... devint un de leurs principaux bienfaiteurs, son fils, après lui.

Il faut pourtant bien que je dise ici un mot du motif qui m'avait appelé dans le Nord et qui n'était ni l'intérêt de Notre-Dame-de-la-Treille, ni celui de l'Asile des Vieillards. Il vous souvient de cette fête, de cette église de Lambersart aux lourds arceaux, aux ogives massives, au pavé composé de pierres tombales que les générations avaient usées; de ce chœur, fraîchement lambrissé et doré, où le moderne s'unissait en grimaçant à l'antique. Vous n'avez certainement point oublié les six beaux vieillards, Monsieur et Madame Bernard-Beaussier, Monsieur et Madame Decroix-Beaussier, Monsieur Charles Beaussier, Monsieur Eustache Decroix, qui se tenaient agenouillés dans le sanctuaire; c'était notre grand-père et notre grand'mère, puis, une sœur de notre grand'mère avec son mari, un frère de notre grand'-mère, un frère par alliance de notre tante. Les deux couples venaient, au bout de cinquante ans de mariage, faire bénir de nouveau la double union contractée le même jour; les deux assistants étaient ceux qui avaient servi de témoins à la célébration des deux mariages. Tout ce qu'il y avait de Bernard, de Decroix et de Beaussier dans la ville de Lille, remplissait la nef. Le prêtre qui disait la messe et qui donna la bénédiction était l'aîné des petits-enfants de notre grand-père, l'abbé Ernest, signataire de ces souvenirs. Je ne sais si on chanta un *Te Deum*, c'eût été à propos, mais ce n'était pas nécessaire, l'allégresse et la reconnaissance envers Dieu remplissaient tous les cœurs. Chacun des enfants issus des deux couples qui célébraient leur jubilé avait à son tour des enfants à présenter. Il y avait cela de particulier pour votre père qu'il présentait aussi un gendre et des petits-enfants, charmant échantillon de la troisième génération, cette petite Marguerite Masquelier, que nous appelions la perle précieuse de la famille et que le ciel devait trop tôt ravir à la terre, après qu'elle l'aurait édifiée par ses précoces vertus! La famille de votre père était belle, et il la contemplait avec un regard de complaisance très légitime. Trois fils, trois filles, le dernier des fils dépassant à peine l'âge de sa propre nièce ; tous en belle santé et avec des visages qui promettaient. — Voilà comment sera béni celui qui craint le Seigneur. Il pouvait s'appliquer cette parole à lui-même, en même temps qu'il l'adressait à nos grands-parents.

Douze mois écoulés depuis les fêtes, depuis ce jubilé, je revoyais votre père, mais dans des circonstances bien différentes. Mon père était mort subitement en descendant du chemin de fer, à Lille, dans l'hôtel de la station ; on m'appela par le télégraphe, j'arrivai pour trouver son corps dans le cercueil, et ce cercueil placé dans la chapelle domestique qu'il avait restaurée. Je dis la messe pour lui en présence de ce corps, dans cette chapelle, j'assistai à l'inhumation. Je regardai ces orphelins à qui leur mère avait été ravie deux ans auparavant. L'angoisse me suffoquait autant que la douleur, les larmes ne pouvaient pas couler. Que faire de ces trois frères et de cette sœur ?

l'aînée n'a pas quinze ans, le plus jeune en a huit. Qui leur tiendra lieu de ceux qu'ils ont perdus ? Je priais Dieu pour celui qui venait de mourir, je le priais encore plus pour ceux qui survivaient. Votre père était là, près de moi aux funérailles. Pendant que je demeurais l'œil sec et le cœur déchiré, il versait un torrent de larmes. C'est qu'il venait de perdre en la personne de mon père, celui qu'il appelait son meilleur ami. Des frères ne sont pas ce qu'étaient l'un pour l'autre ces deux beaux-frères. Jamais je ne mesurai comme en ce jour, la force de cette amitié. Votre père accepta la tutelle. Elle lui était offerte par la famille, il n'hésita pas. Ma sœur, qui avait à peine connu sa mère, en trouvait une dans la vôtre; dans votre père, mes frères retrouvaient celui qu'ils avaient perdu. Je ne sais pas s'il fit jamais une distinction entre eux et ses propres enfants. Votre maison devint leur maison à Paris comme à Lille, comme à Lambersart, toutes les fois qu'ils en ont eu besoin. Votre père surveilla les éducations de ces enfants d'adoption dans tous leurs détails, à travers des péripéties parfois difficiles. Il les suivit et les aida au début de leur carrière, à cette époque la plus critique de la vie ; il dirigea leur établissement définitif. Ma tante et lui furent présents aux noces, ils y étaient les parents. L'autorité de votre père était si juste et si douce, accompagnée de tels témoignages de tendresse et de soins si assidus qu'elle exerçait sur ces jeunes cœurs un empire presque absolu. Des lettres fréquentes, à chacun dans les différentes institutions où ils étaient placés, tantôt pour les faire rentrer en eux-mêmes ; à de certains moments, pour les réveiller de la paresse ; le plus souvent pour les encourager ou pour applaudir à leurs succès, la sollicitude d'une mère pour ses enfants dans les moindres indispositions, il semblait que ce surcroît d'occupation ne coûtât rien à celui qui était déjà accablé de ses propres affaires, et qui portait en outre le fardeau des affaires publiques. La confiance qu'il sut inspirer à ces enfants est incroyable ; leur ouverture de cœur à son égard surpassait celle qu'un père attend de ses fils. Son affection avait gagné la leur, ils l'aimaient. Il n'était chose au monde qu'ils recherchassent à l'égal de son approbation. Ils en étaient aussi épris, quand ils furent mûris par les années, qu'ils l'avaient été dans leur enfance. La tutelle fut temporaire ; mais la paternité adoptive subsista ; elle fut durable parce qu'elle venait de Dieu.

Vers le même temps, votre père eut un autre crève-cœur : Son intime ami, qui était aussi le mien, M. Gobrecht, curé de Saint-André à Lille, mourait à Paris, presque subitement, des suites d'une cruelle opération. Il se croyait tiré d'affaire et venait de dire une messe d'actions de grâce, quand Dieu disposa de lui. Ce qui dominait en M. Gobrecht, ce par quoi il se conduisait lui-même et dirigeait les autres, c'était cet esprit de foi, que le monde connaît peu, qu'il n'apprécie guère et dont il a besoin plus que de toute autre chose. Homme de peu de paroles, n'aimant pas les longs discours, sachant apprécier la valeur du temps, dont chaque mot portait, le même en chaire que dans la conversation ; parlant sobrement, sagement, cherchant à être utile plutôt qu'à plaire, et obtenant souvent ces deux effets à la fois. Plusieurs âmes égarées lui devaient leur retour à Dieu, plusieurs fonctionnaires des plus haut placés avaient été ramenés par lui à la pratique de la religion. Il excellait à consoler les affligés et à conduire jusqu'à une haute perfection les âmes désireuses d'y parvenir. Il ne s'épargnait pas pour elles. Il fit cinq cents lieues sans s'arrêter ni à l'aller ni au retour pour visiter une de ses pénitentes que la maladie retenait sur les côtes de la Provence. Ses lettres spirituelles, écrites avec autant de force que d'onction, et dans la juste appréciation des besoins de chacun, étaient de vrais chefs-d'œuvre. Il semblait que Dieu les dictât entre votre père et ce saint prêtre, c'était la même manière de voir, le même zèle des âmes, un même désir des biens célestes, un même détachement des terrestres. Il n'est donc pas étonnant que deux hommes si bien faits pour se comprendre aient vécu dans une grande union. La séparation fut bien dure à mon oncle, les années s'écoulèrent sans lui faire oublier cet homme de bien, son nom revenait souvent dans nos entretiens.

Pendant le long séjour que je fis en Angleterre, après mes voyages de Rome, je fus appelé deux fois pour bénir l'union de vos deux sœurs, en ce même Lambersart où j'avais béni les noces d'or de nos grands-parents. Je ne saurais pas donner exactement la date de ces mariages célébrés à deux ans d'intervalle. Nos grands-parents avaient cessé de vivre ; leur maison de Lambersart avait passé à leur fils, votre père avait acheté celle qu'il habitait déjà depuis plusieurs étés, et qui n'était pas non plus pour nous sans souvenirs d'enfance, puisqu'elle avait été construite par notre grand-père pour un frère dont la piété édifiait les siens en même temps que sa verte et aimable vieillesse les réjouissait. Votre père avait doublé les bâtiments et l'enclos ; tout y était fraîcheur et verdure avec des perspectives sur les champs qu'aucune cheminée n'assombrissait de ses noirets. Cette retraite était salutaire à votre père, elle lui plaisait ; je craindrais, soit dit entre nous, qu'il n'en fût pas assez détaché. L'un et l'autre des mariages pour lesquels j'étais venu répondaient aussi à ses désirs, et dans la mesure où le bonheur est possible en ce monde, ils ont rendu ses deux filles heureuses ; les deux frères qui épousaient les deux sœurs étaient unis entre eux comme l'étaient ces sœurs elles-mêmes.

S'il y avait quelqu'un à consoler c'était ma tante qui se trouvait privée de sa plus douce société ; plus celles qui s'éloignaient d'elle avaient été formées à son image ; plus elles étaient pieuses, modestes, aimables, sensibles, tendres envers leurs parents, plus votre mère perdait. Elle-même avait dirigé toute leur éducation ; si elles ont jamais quitté leur mère, je ne le sais pas, et ce ne peut être que pour un temps très court ; les belles et les bonnes qualités qui brillaient en elles font donc l'éloge de cette mère, et je ne vois pas qu'il y manque rien. Toute la ville d'Orléans a admiré leur mérite, s'est édifiée de leur vertu. Ceux qui ont connu ma tante ont eu, à son égard, les mêmes sentiments. Pour moi, celui qui me remplissait, à l'occasion de cette double cérémonie, était celui-ci : heureux les parents qui ont eu de tels enfants ! heureux les enfants à qui Dieu a donné de tels parents ! Même à côté d'un mérite aussi transcendant qu'était celui de son mari, ma tante ne déparait nullement. Douée d'un esprit juste, droit, agréable et suffisamment cultivé, elle avait par-dessus tout cette profonde piété qui assure à elle seule la supériorité d'une femme. Sa sincérité était parfaite, son éloignement de toute médisance et son esprit de conciliation tels que saint Augustin les rapporte de sa mère Monique. Pour la patience à endurer les petites traverses de la vie et à ne se fâcher jamais, elle était la vivante image de notregrand'mère, de qui on peut dire qu'elle ne sut pas de toute sa vie ce que c'était que la colère. Aussi peu de mondanité d'ailleurs chez l'une que chez l'autre ; avec tout ce qu'il faut pour plaire au monde, l'éloignement du monde, l'accomplissement des devoirs domestiques pour toute félicité. Aimer ses enfants, en être aimée ; aimer son Dieu, le faire aimer des siens ; rendre l'intérieur de la maison agréable à tous en commençant par son mari, telles étaient les aspirations d'un cœur où la grâce régnait. Ce témoignage que je dois rendre à tout ce que j'ai vu rue Rumfort, je tiens à le consigner. En considérant mon oncle et ma tante, je me disais souvent : ces deux êtres sont faits divinement l'un pour l'autre.

Ils se réjouissaient de ce double mariage qui établissait leurs plus jeunes filles à Orléans, alors qu'eux-mêmes avaient été obligés de transporter leur résidence habituelle à Paris. Mon oncle en effet appartenait de nouveau, depuis deux ans, à l'Assemblée législative ; le gouvernement avait agréé sa candidature, par l'impossibilité d'en présenter une autre ; la majorité qui lui était assurée ne fit que s'accroître quand, plus tard, ce patronage officiel lui fut retiré. Il n'était pas d'ailleurs homme d'opposition systématique ; indépendant par caractère comme par position, il l'était dans ses votes, mais il y avait plusieurs points sur lesquels il se montra, vis-à-vis de la politique impériale, irréconciliable. C'étaient précisément ceux dont il avait le pressentiment, et qu'il avait prophétisés, devant moi, après la démission de M. de Falloux et la lettre à Edgar Ney. Je ne sais si mon oncle m'avait, depuis dix ans, dit un seul mot sur ce sujet de la politique. Il profita de l'occasion qui s'offrait ; me prenant à part, sur un des bancs de son jardin de Lambersart, et se croisant les bras, il répéta à plusieurs reprises : eh bien ? eh bien ? avais-je tort ? ne savais-je pas où cet homme en viendrait ? n'ai-je pas annoncé ce qu'il ferait, puis-je douter de ce qu'il veut faire ? Cela voulait dire la campagne d'Italie ; le pacte avec Cavour, l'alliance secrète avec Garibaldi ; les États de l'Église vendus ; le Pape lui-même trahi et sacrifié ; sa spoliation complète prévue et arrêtée, cette dernière injustice retardée seulement par l'opposition des catholiques de France, ou par la résistance de quelques cours étrangères. Comme mot d'ordre de la politique, le programme des sociétés secrètes ; comme critérium de toute justice, la doctrine des faits accomplis ; sous le masque de la protection à l'Eglise, de la déférence pour les Évêques, de la création de nouveaux sièges, de l'introduction des cardinaux dans le Sénat : la persécution de l'Église, des projets de schisme couvés dans l'ombre, des efforts trop manifestes pour introduire dans l'épiscopat la division. Mon oncle, à qui quatre mots suffisaient pour me rappeler ses appréhensions d'autrefois et signaler la manière dont les événements s'étaient chargés de les justifier, ne voulut pas non plus me cacher ses craintes pour un avenir très prochain. Il voyait la lutte s'engageant sur le terrain de l'enseignement, et la nécessité de défendre, pied à pied, contre le pouvoir, les libertés conquises par la loi de 1850. Il se préparait de nouveau pour ces deux campagnes, la défense du Pape et la résistance aux envahissements de l'Université. Vétéran de cette guerre où maint combat s'était livré sous ses yeux, il démasquait facilement ses ennemis : il savait d'eux, à fond, qui ils étaient, et ce qu'ils étaient ; aucune de leurs manœuvres ne réussissait à le tromper.

Deux ans environ après les mariages de Lambersart, deux autres événements analogues m'appelèrent l'un à Valenciennes, et l'autre à Paris, le mariage de l'aîné de mes frères et celui de ma sœur. Ces deux unions s'accomplissaient dans des conditions telles que votre père et votre mère n'auraient pu désirer rien de mieux pour leurs propres enfants : ils se trouvaient donc récompensés de tous leurs soins et de toute leur tendresse pour ces neveux orphelins. Ce sentiment déborda du cœur de votre père en des paroles telles qu'il a le secret de les trouver, et si touchantes qu'elles tirèrent les larmes de tous les yeux.

De là jusqu'au mariage de mon plus jeune frère, qui nous réunit à Orléans, il faut compter quinze ans. Tout ce temps s'était passé pour moi, hors de France, loin de la famille, presque sans relation avec les plus proches des miens. Votre père avait atteint ses quatre-vingts ans et n'en portait que soixante. Pendant tout le temps de la cérémonie à l'église il pleura; il remerciait Dieu, il priait. Sa tâche s'achevait de la manière la plus heureuse. Mon second frère, qui s'était établi pendant mon séjour aux États-Unis, n'avait rien à envier aux autres; tous restaient attachés à leur oncle comme à un second père; on ne pouvait voir famille plus unie. Les larmes qui coulaient en ce jour des yeux de votre père étaient le tribut de la reconnaissance envers Dieu, l'auteur de tout bien. La mienne se partageait entre Dieu et lui!

Il faut sauter jusqu'à Lambersart. J'avais de nouveau mené ma vie de proscrit; votre père et votre mère avaient célébré le cinquantième anniversaire de leur mariage sans que je pusse assister à la fête. Pendant que j'étais en Estramadure, ma tante était morte, après avoir passé, comme notre grand'mère, par les épreuves d'une longue paralysie. Mon oncle, quand je le revis, touchait à ses quatre-vingt-neuf ans. Il me tint fort longtemps embrassé; l'après-midi se passa tout entière en entretiens coupés par deux ou trois tours de jardin. J'admirai à loisir cette présence d'esprit, cette fraîcheur de sentiment, cette netteté de parole où rien ne sentait la décadence. J'étais chargé d'une commission assez importante, concernant l'œuvre de Notre-Dame de la Treille; on m'avait prié de communiquer à votre père plusieurs détails et de lui rappeler quelques faits qu'on craignait qu'il n'oubliât. Je trouvai le président au courant de tout, me prévenant, citant les noms des personnes sans hésiter, sans se reprendre, par ordre, avec la note juste pour chacun, et avec beaucoup plus de lucidité que n'en avait mis dans son rapport celui qui m'avait donné les explications. Le zèle de votre père pour cette sainte et très laborieuse entreprise, ne s'était pas plus refroidi que son intelligence avait baissé. C'était la même chaleur et le même élan qu'à la pose de la première pierre, et de cette première pierre il y avait trente ans! Comme je devais dès le lendemain me rendre à Cambrai pour offrir mes hommages au nouvel archevêque, je fus chargé d'expliquer à Sa Grandeur l'état des ressources et des travaux. Nous nous séparâmes, ne sachant si nous nous reverrions en ce monde et nous abandonnant à la volonté divine. Vous savez que votre père n'avait nul effort à faire pour cela.

Nous nous revîmes; nous nous retrouvâmes dans ce château de Santes où, cinquante ans plus tôt, vos parents et les miens ne formaient qu'un seul ménage. Deux générations plus jeunes que la nôtre nous y entouraient. Les souvenirs abondaient autour de nous. Nous avions prié sur des tombeaux de famille; nous avions évoqué les images de ceux qui nous sont restés chers après leur mort; nous avions senti, au pied de l'autel, que nous leur sommes encore unis; de ces souvenirs, de ces images, de ces tombeaux, se communiquait à l'âme un parfum d'immortalité. Votre père, après le repas, sous la feuillée, nous adressa des paroles qu'on a recueillies et qui sont comme un résumé des aspirations de toute sa vie. Celui qui avait vécu d'un long sacrifice de lui-même à l'Église, à son pays, à sa famille, avait le droit de jeter l'anathème à l'égoïsme, et de dénoncer l'esprit d'individualisme comme le fléau de la société. Aussi le toast porté à votre père, comme au doyen de la réunion, au modèle de toutes les vertus chrétiennes et patriotiques, ce toast proposé par le fils aîné de son associé, le continuateur de ses œuvres, fut-il reçu par d'unanimes acclamations. Après le repas nous restâmes, votre père et moi, pendant assez longtemps, dans un grand salon où nous ne retrouvions plus aucun de ceux que nous y avions connus. Notre entretien roula sur les choses du ciel plus que sur celles de la terre, et, comme il fut à mon gré trop tôt interrompu, j'allai le surlendemain le reprendre à Lambersart. Là, votre père passa en revue sa famille, enfants, petits-enfants, arrière-petits-enfants, sans oublier ceux de son adoption, qui commençaient à faire, par le nombre, une figure assez respectable. Il y avait, dans ces confidences, la part des joies et il y avait aussi celle des peines, comme toujours dans toutes les choses humaines. C'est par une sage disposition de la Providence que la vie n'est pas toujours aimable, sans quoi on s'y attacherait à l'excès. J'étais trop initié d'ailleurs aux secrets de votre père, pour qu'il eût à me faire aucune révélation ; il me fournit seulement une occasion de plus de m'édifier au spectacle de sa vertu. Il en était alors arrivé au parfait renoncement ; le sacrifice de ses jours était fait; sa foi, s'identifiant à celle de l'apôtre, lui permettait de dire avec saint Paul : peu m'importe vivre ou mourir, pourvu que Dieu soit glorifié en moi. Notre adieu était un adieu jusqu'à l'éternité ! C'était le soir du 6 août 1887.

Votre père, ma chère cousine, était une belle intelligence au service d'une grande vertu. Je ne crois pas avoir rencontré, dans le cours de ma vie, un autre homme qui réunît au même degré, tant de mérites divers. C'est, en effet, un assemblage rare que celui d'une grande prudence et d'un zèle ardent, d'une connaissance parfaite des hommes et de l'indulgence à leur égard; il n'est pas non plus ordinaire de voir la science alliée à l'extrême modestie, ou l'intelligence et l'esprit des affaires à beaucoup de modération et à un profond désintéressement; ou de rencontrer en un caractère grave et sérieux une exquise affabilité. Les dons de l'esprit et du cœur étaient en votre père si bien tempérés, si justement équilibrés, qu'ils se corroboraient l'un l'autre et présentaient dans leur ensemble un tout harmonieux. S'il était permis de comparer entre elles des choses d'un ordre différent, ce qui est esprit à ce qui n'est que matière, je dirais qu'il en était de lui comme de ces chefs-d'œuvre de l'art humain, de ces machines où toutes les pièces sont parfaites et dont l'ajustage ne laisse rien non plus à désirer: elles se meuvent avec autant de force que de douceur, et exercent leur action puissante, sans secousse et sans bruit. Quelle part faire, en cet heureux résultat, à ce qui était l'œuvre de la nature et à ce qui fut le concours journalier de la grâce? c'est ce qu'il n'est pas facile de déterminer. Les deux forces agissent simultanément en celui qui se propose de servir Dieu sur la terre, et qui cherche en Dieu lui-même les moyens pour le bien servir. Or, votre père, à travers la variété de ses affaires et de ses entreprises, n'eut jamais un projet qui contrariât celui-là, et qui n'y fût entièrement subordonné. Il était de ceux qui sont imbus de cette vérité, qu'accomplir la volonté de Dieu, c'est tout l'homme. Il avait une grande élévation d'esprit, parce qu'il avait l'esprit chrétien. Il ne désira point passionnément les biens du temps, parce qu'il y avait en lui une autre passion, celle des biens du ciel. Il aima les hommes, et il passa la vie à leur faire du bien, parce qu'il aimait Dieu.

Les avantages du corps lui avaient été accordés, en même temps que ceux de l'esprit, et dans une juste proportion. Il était d'une taille au-dessus de la moyenne, bien fait, leste, dégagé, capable de soutenir beaucoup de fatigue. Il n'eut jamais d'embonpoint, observant d'ailleurs une sobriété si sévère qu'il y trouvait un sûr préservatif contre l'obésité. Le visage prévenait aussi en sa faveur : un front haut, des cheveux châtains qu'il portait courts, et qu'il garda jusqu'à un grand âge ; tous les trais réguliers; un regard dont la vivacité était tempérée, et qui respirait cette force unie à la douceur qui faisait son caractère. Son sourire était des plus fins, souvent presque insaisissable ; sa voix, assez forte, mais sans éclat, et dans le discours public le trahissant parfois. Rien qu'à le voir, on se sentait prévenu en sa faveur; telle était l'impression générale. Dans le familier, sa conversation répondait à tout ce qu'on pouvait attendre, et quand il voulait s'en donner la peine il enchantait.

Pour commencer par ce qui est moins relevé, on vit en mon oncle, du jour où il mit la main aux affaires, c'est-à-dire à l'époque de son mariage, une aptitude rare et quasi universelle. Les sciences exactes lui étaient familières comme les naturelles; ni les unes ni les autres n'avaient de secret pour lui; la mécanique ne lui était pas plus étrangère que la chimie ou la physique; il était capable de faire le plan d'une machine, comme d'analyser un minerai; des sciences il possédait non seulement la théorie, mais l'application. De ces notions générales et complètes naissait pour lui une heureuse facilité à se rendre compte à lui-même, et à rendre compte aux autres, des industries diverses qui couvrent le département du Nord; on le trouvait initié à toutes. S'il y avait des points sur lesquels il eût besoin d'explications, comme les perfectionnements, les procédés nouveaux, les spécialités, une seule communication lui suffisait, et souvent il lui arriva de comprendre la démonstration mieux que le démonstrateur lui-même. C'est ainsi qu'il fut un président de la Chambre de commerce incomparable; qu'il se trouva en mesure de défendre, contre les tendances de l'administration et les utopies nouvelles, les intérêts menacés de l'industrie nationale; qu'il se trouva, facilement, et comme sans effort, à la hauteur de toutes les questions; aussi clair et aussi lumineux, lorsqu'il débrouillait la confusion de l'économie sociale et de ses principes généraux, que lorsqu'il exposait les détails de chaque industrie et de ses besoins. Quand il fut appelé, comme président du conseil administratif, à la direction générale d'un établissement métallurgique de première importance, quoiqu'on dût supposer que tout était nouveau pour lui dans une industrie si différente de la sienne, on vit qu'en réalité rien n'y était étranger à ses connaissances; parmi tous les intéressés, il n'y en avait pas un qui entendît mieux l'ensemble et le détail presque infini de cette fabrication; on aurait cru que sa vie s'était passée à faire du fer et de l'acier. Il parut l'homme indispensable de l'entreprise, on ne voulut à aucun prix qu'il quittât le fauteuil; il présidait encore à quatre-vingt-dix ans; c'est que nul ne l'égalait pour élucider une question difficile et compliquée, pour en saisir le joint. Peu d'hommes avaient sa capacité pour discuter toutes les faces d'une affaire, tenir compte de ses divers éléments, fixer un prix de revient; comme aussi pour analyser les parties intégrantes d'une vaste comptabilité; établir le bilan de chaque affaire spéciale, grouper ses facteurs isolés, les réunir en un total. C'est là surtout que l'homme supérieur se révélait.

Si mon oncle n'a jamais eu une grosse fortune, c'est qu'il n'a pas cherché à la faire, qu'il n'en a pas eu l'ambition, qu'une fortune médiocre lui plaisait davantage. Un jour qu'on annonçait à mon père la perte d'un assez gros capital dans une affaire qui lui était commune avec votre père, le mien répondit : « Je ne désire pas que mes enfants soient très riches. » Votre père pensait et parlait de même. Un autre obstacle, et le principal, à sa prospérité, c'est sa disposition constante à négliger ses propres affaires pour celles de tout le public qui recourait à lui ; il sacrifiait à l'utilité des autres ce temps qui est le capital par excellence ; et cela, sans nulle mesure, du jour où les devoirs de la vie politique vinrent ajouter leur surcharge à ses labeurs précédents.

Entre cette carrière politique et la carrière industrielle, il y eut ce point commun dans la vie de mon oncle, que son but fut l'accomplissement du devoir plutôt que le succès. Il ne fut pas industriel par goût ; ce n'est point par goût qu'il devint membre des Assemblées. En acceptant l'une comme l'autre de ces situations, il ne fit que céder à des circonstances si impérieuses qu'il dût les appeler nécessité. Monarchiste par conviction, dévoué à la personne du comte de Chambord, autant par attrait que par principe ; connaissant ce prince, en étant connu et apprécié, il croyait, en combattant pour sa cause, soutenir celle du droit, de la religion, de l'honneur national, et aussi, celle de la vraie liberté. Sa manière de raisonner à cet égard était des plus simples : en dehors du pouvoir légitime, disait-il, nous ne pouvons avoir que la révolution ; or la révolution a été, elle est, elle sera chez nous la tyrannie. Un pouvoir faible est persécuteur, parce qu'il est faible ; s'il est celui d'un homme, c'est le despotisme ; s'il est celui d'une majorité, c'est l'oppression de la minorité. Voilà le résumé de pensées qu'il me communiqua maintes fois. Sans découragement comme sans illusion, ne comptant pas sur une restauration prochaine, l'attendant de Dieu plus que des hommes, et ne voyant ni quand, ni par qui elle viendrait, il travaillait au jour le jour à tirer, je ne dirai pas le meilleur, mais le moins mauvais parti possible d'une mauvaise situation. Son caractère était tout à la fois indépendant et modéré. Ne désirant rien pour lui-même d'aucun pouvoir ni d'aucun parti, on peut dire de lui qu'il ne connaissait aucun maître et qu'il n'avait aucun ennemi. Le sentiment de l'inimitié à l'égard des adversaires politiques n'approchait pas de son âme; s'il trouvait une occasion d'obliger ou de servir ceux qui lui avaient causé les plus grands déplaisirs, il en profitait. Sa parole n'eut jamais d'aigreur à l'égard d'aucun d'eux; il leur voulait du bien, il les contraignait à reconnaître en lui cette magnanimité. Je me rappelle l'horreur qu'il ressentit un jour, durant la législature de 1850, quand un des députés qui siégeait près de lui, pour quelques paroles blessantes, se battit en duel au pistolet, et eut le nœud de sa cravate emporté par la balle. C'était, je crois, un représentant des colonies; il n'eut pas d'autre mal que ce nœud de cravate, il n'atteignit pas son adversaire. Mais ces emportements homicides étaient pour les yeux de votre père un spectacle affligeant, rien n'excitait davantage sa compassion. Lui-même savait se fâcher sans s'emporter; je l'ai entendu plus d'une fois qui relevait fortement certains mauvais propos de ses collègues, en particulier leurs attaques contre la religion, sans les irriter et sans s'irriter; son ton n'était jamais provocateur, mais toujours celui d'un homme qui se possède pleinement. Il n'était pas facile de le mettre hors de ses gonds, plus malaisé encore de le tromper. Un esprit si calme et si réfléchi ne donne pas de prise; on le trouve toujours sur ses gardes. Sa perspicacité d'ailleurs avait de quoi confondre ; on eût dit parfois qu'il lisait dans l'avenir. Je me rappelle un trait qui remonte presque jusqu'à mon enfance : c'était en juillet 1842, par une belle après-midi, dans le jardin de mon père; mon oncle et lui, assis sur un banc qui regardait la maison, devisaient de la politique courante. On venait, ce jour-là même, d'apprendre la mort tragique du duc d'Orléans, l'héritier présomptif de la couronne, et quoique je ne puisse me rappeler exactement tout ce que mon oncle en dit, j'ai gardé très présent à l'esprit le sens de son discours. On ne pouvait prédire plus clairement la chute, non pas immédiate, mais prochaine du trône de Louis-Philippe; les péripéties par lesquelles il passerait, l'impossibilité pour lui de constituer une régence; le renversement de son pouvoir par la même force qui l'avait créé; le triomphe temporaire de la révolution. Il tira de même l'horoscope de Napoléon III du jour où celui-ci parvint à la présidence. Ses conjectures n'étaient pas hasardées à la légère, elles résultaient de mûres réflexions, sur une situation et sur des hommes qu'il connaissait, et qu'il appréciait à leur valeur. Sobre d'ailleurs de ces sortes de communications, ne les donnant qu'en confidence, rarement, et à un petit nombre d'amis. Les journaux lui étaient indifférents; il ne jurait par aucun. Il s'en servait parce qu'il le faut, en recevait plusieurs, ne leur donna jamais sa confiance; peu soucieux d'ailleurs de ce qui s'y disait de lui, n'ayant pas fait une seule fois la cour à un journaliste pour en être loué ; dédaignant souverainement ce mode de célébrité.

Le mérite de mon oncle était réel, solide, nullement emprunté, ni surfait. Une facilité étonnante à composer et à écrire ; rien qu'à laisser courir la plume ou le crayon, dont il se servait d'ordinaire, sur le papier. La phrase était faite, en entier, dans sa tête, avant qu'il en traçât les premiers mots ; c'est-à-dire : une phrase claire, correcte, savante, taillée en maître , des pages entières, quelquefois toute une composition de longue haleine, sans une rature. Ce qu'il destinait à la presse ou à la tribune ne lui coûtait pas plus qu'une lettre à ses enfants. Le sujet, préparé par l'étude et par de longues méditations, semblait ensuite couler de source ; il présentait un tout enchaîné, méthodique, complet dont nul ne pouvait deviner qu'il avait été fait aux heures perdues, à bâtons rompus, quitté, repris, laissé vingt fois dans un même jour, et entremêlé d'autres affaires graves auxquelles l'auteur devait toute son attention. Écrire très bien paraissait chez mon oncle un don naturel ; il lui était aussi facile de faire bien du premier coup qu'à d'autres de faire mal en se donnant beaucoup de peine. Toutefois ce génie naturel, à quoi rien ne supplée, avait été développé et nourri par de bons maîtres et une étude persévérante. Votre père lisait les bons auteurs et ne lisait que les bons. Il n'est pas à ma connaissance qu'il ait ouvert un roman, quoique doué d'une imagination féconde, s'étant essayé dans sa jeunesse à la poésie, y ayant réussi, capable, comme je le sais par expérience, de servir de maître à tant d'autres. Arrivé à l'âge mûr, il laissa toutes les bagatelles pour le sérieux ; les méditations de Bossuet, ses élévations sur les mystères, les lettres de Fénelon, le œuvres de Joseph de Maistre devinrent ses lectures favorites. Ce qu'il admirait et ce qu'il goûtait dans ces auteurs, ce qui en eux cadrait avec ses propes dispositions, c'était, outre la beauté de la pensée, la simplicité heureuse d'un style exempt de prétentions et d'ornements ambitieux ; on peut dire de ces lectures comme de celles des anciens :

« C'est avoir profité que de savoir s'y plaire. »

Ce goût, si vif qu'il fût, était d'ailleurs sans cesse contrarié ; les rapports sur les questions industrielles, agricoles, commerciales, ceux des commissions législatives ; les projets de loi, les enquêtes, les statistiques, le budget, avec ses volumineux comptes rendus, tel est le fatras qui encombrait les tables de la rue Rumfort et le pain quotidien, très sec, que votre père avait à dévorer ; il n'en était pas fatigué, tant de mets indigestes n'étouffaient pas en lui le sentiment littéraire. Sa plume garda jusqu'au bout sa surprenante facilité ; elle savait mettre l'agrément à tout ce qu'elle touchait.

Le même agrément qu'on trouve dans les écrits

de mon oncle était répandu dans ses conversations et dans tout son commerce avec le monde. Sans chercher à plaire, il plaisait par cette même absence de prétention ; l'aisance avec laquelle il se présentait mettait les autres à l'aise avec lui ; il n'y avait rien en lui d'affecté. Peu prodigue de grands discours, il savait écouter et paraissait plus content d'entendre que d'être entendu. Si on venait le trouver dans son cabinet, il prêtait l'oreille à tout ce qu'on voulait lui dire, et donnait ensuite sa réponse en peu de paroles. Très éloigné de la sotte vanité de se faire admirer, il ne visait pas à ce que ses visiteurs se récriassent en sortant : M. Kolb a de l'esprit ; M. Kolb parle bien ; M. Kolb sait les choses! Il n'était nullement de ceux dont le premier abord éblouit et dont le mérite est à la surface ; c'est en le pratiquant, et peu à peu, qu'on discernait ce qu'il y avait en lui de valeur réelle et de solide jugement. Il avait cette vraie éloquence qui consiste à convaincre, celle qui discerne les temps, les lieux et les personnes, trouve l'à-propos, écarte le superflu, sait taire ce qui ne doit pas être dit. La gravité de ses manières et de ses discours était du reste aussi exempte de la tristesse et de la maussaderie, que de la fatuité ou du prédantisme. Il avait l'humeur gaie, enjouée, facile, qui réussit à donner à des banalités un tour agréable, et par là faisait le charme des réunions où il se trouvait ; dans le cercle de famille, les visages se déridaient à son aspect. Il ne cherchait pas plus à s'imposer là que chez des étrangers, et ne fatiguait nullement les siens du poids de la supériorité. Il faut dire aussi qu'on déférait volontiers à son opinion : mon grand-père, vif comme la poudre, dont les façons de parler étaient parfois puisées à son ancien vocabulaire des dragons, paraissait, devant mon oncle, désarmé, et prenait toujours ses paroles en bien. « Qu'est-ce que Kolb en dit? a-t-on consulté Kolb sur cette affaire? sait-on ce que pense Kolb ? » continuellement ces paroles revenaient sur les lèvres du vieillard, digne lui-même de toute estime et d'une capacité reconnue. S'il y avait quelques apparences d'un orage domestique, et elles n'étaient pas rares, trois mots de mon oncle les dissipaient. Combien de réconciliations n'ont pas été opérées par lui entre mon grand-père et ses curés ! Celui de la campagne avait le secret de le jeter dans les dernières impatiences ; sans un pacificateur qui s'y prît adroitement, la guerre eût été cent fois déclarée. Je n'ai jamais su non plus qu'entre mon oncle et ses associés ait surgi un seul débat sérieux. Ils ont été, suivant les temps, au nombre de quatre ou de cinq. Ils ont passé çà et là par l'épreuve, inévitable en affaires, d'opérations malheureuses et de pertes ; trop souvent ailleurs, ce sont là des sujets de récrimination et de désagrément, tandis que, entre eux, l'esprit de désintéressement et de concorde aura toujours écarté ces déplaisirs. Il ne s'est guère vu dans les sociétés commerciales une pareille union, si inébranlable, si absolument exempte de tout nuage ; mon oncle étant de beaucoup l'aîné donnait aux plus jeunes l'exemple de cette complète réciprocité d'abnégation.

Il est bien inutile après cela de dire ce qu'était

votre père dans sa propre maison : qu'il y était adoré. Son autorité, très absolue et presque despotique, y était acceptée de tous avec amour, tant elle était assise sur la justice et tempérée par la douceur. Les serviteurs étaient traités par lui presque à l'égal des enfants ; pendant les années que je passai à Paris, il en avait pris un, nommé François, qui souffrait d'une gastrite et de qui on ne pouvait, pour ainsi dire, rien attendre. Des cataplasmes, des emplâtres, les consultations de médecins et puis ne rien faire, voilà ses journées ; on le garda, on le soigna, on compatit à tous ses maux ; il était encore en traitement quand je suis parti. Fidéline était alors la cuisinière, elle l'était encore au bout de quarante ans. Comme il aimait ses enfants, sans les gâter, c'est ce que je n'ai pas à rapporter ; mais en face de quelle vivacité, de quelle pétulance, de quel mouvement perpétuel, de quelles conversions et de quelles rechutes, de quelles pénitences et de quels pardons, et de quelles récidives ne se trouvait-on pas alors rue Rumfort, en la personne de votre frère âgé de quatre à six ans ! un esprit si éveillé, tant de qualités précieuses, tant de promesses pour l'avenir, avec une indiscipline si peu maîtrisable ! les fautes pendant les repas étaient fréquentes, mon oncle ne les passait pas : la correction était immédiate, elle consistait à être chassé de la salle à manger. Aussitôt, les sanglots à fendre le cœur ; ils étaient suivis du retour, de la promesse qu'on ne le ferait jamais plus, de la réconciliation ; le gage de paix, un baiser paternel sur le front du délinquant ; puis, une courte admonestation dite d'un ton si pénétrant et si approprié au sujet, que peu à peu, avant même mon départ de Paris, les rébellions cessèrent ; celui qui aurait pu devenir un incorrigible, se montra au contraire un modèle de docilité comme il le fut de l'amour et du dévouement filial. La récréation de votre père était là, dans ce petit cercle de famille, ses soirées heureuses étaient celles qu'il y passait, ne donnant au monde que ce qui ne pouvait absolument lui être refusé.

Ce n'est pas, comme on l'a pu voir déjà, que son affection fût concentrée dans ces étroites limites ; il n'est aucun de ses proches qui n'en ait ressenti les effets. Un de ceux qui lui ont le plus d'obligations est son frère Henri, l'ingénieur des ponts et chaussées. Ce spectre décharné, ce fantôme vivant, ce visage blême et jaune, où l'on ne voyait plus que deux yeux enflammés, et l'image de la souffrance sous un sourire forcé, telle était la victime que la dysenterie africaine, sous sa forme la plus maligne, avait rongée jusqu'aux os, et pour qui il ne semblait plus y avoir, lorsqu'elle nous revint dans le nord, aucun espoir de guérison. La cure pourtant fut complète, et elle est due aux prières de votre père, à tous les soins minutieux, fatigants, qu'il prit lui-même de ce frère dans sa maison, aux précautions infinies dont fut entourée cette convalescence laborieuse qui traîna plus de six mois ! Le résultat fut une double résurrection, l'âme du malade avait profité de cette hospitalité fraternelle autant que son corps ; l'une comme l'autre avait repris une nouvelle vie. A partir de cette guérison, on vit régner entre les deux frères la plus touchante émulation pour la piété aussi bien que pour toutes les œuvres de la bienfaisance chrétienne. Votre père ne rendit pas de moindres services à cette sœur qu'une viduité prématurée laissait avec la charge d'une famille nombreuse et en bas âge. Il fut pour ces orphelins ce qu'il a été pour mes frères : l'instrument de la Providence, toujours prêt, toujours vigilant, infatigable dans son dévouement, recueillant ses neveux et ses nièces à toute occasion dans sa propre maison ; gagnant le cœur de tous, pourvoyant dans la mesure nécessaire à leur établissement, leur ami autant que leur conseil, avec des tendresses paternelles dont le souvenir et les effets excellents subsistent aujourd'hui. Plusieurs des enfants ou petits-enfants de cette sœur se sont consacrés à Dieu dans la religion. Deux des trois fils de M. Henri Kolb sont entrés dans la compagnie de Jésus ; vous vous souvenez du mérite exceptionnel du Père Louis si prématurément ravi à l'affection de tous.

En amitié, mon oncle était admirable, on citerait de lui cent traits, on en citerait mille. En voici un, des plus modestes. En ce temps-là, ce qui veut dire quand j'étais tout enfant, il avait présenté dans la famille, et on y avait reçu, un homme qui portait déjà perruque blanche avec quelques taches roussâtres, et qui ne paraissait pas plus vieux d'une année, vingt ans après sa première apparition chez nous. Il s'appelait Delan ; avait été marié et vivait séparé de sa femme, sceptique, goguenard, voltairien, farci d'anecdotes, un vrai pilier des ruelles du siècle passé ! Après avoir beaucoup fréquenté le beau monde, et connu la richesse, il était alors réduit pour sa subsistance à une pension modique. Son couvert était mis chez mon grand-père tous les dimanches et jours de fête ; on espérait que le ton de la maison agirait sur lui, et que peu à peu, l'âge avançant, il songerait à son salut. Il arriva pourtant à ses quatre-vingts ans, dépassa les quatre-vingts de beaucoup, et toujours le même train : de son salut, point de nouvelles. M. D... tomba malade ; un bouton qu'il avait à la joue se trouva être un cancer. Voilà les chirurgiens, voilà des opérations à intervalles assez longs ; voilà des mois de séquestration dans la chambre, et enfin, la certitude d'un mal inguérissable. De tout ce temps-là, je ne sais pas s'il se passa un jour où votre père ne vint visiter son vieil ami ; qui occupait une petite chambre au bout de la rue qu'Édouard Lefort habitait. Si ce n'était pas votre père qu'on y trouvait, c'était Édouard Lefort ; ils se relayaient. Par ces attentions sans cesse renouvelées, par leurs soins de toutes les heures, par les excès et la persistance de leur charité, ils firent si bien qu'à la fin, ce cœur endurci dans l'impiété s'ouvrit à la grâce ; la religion fit sentir toutes ses consolations à celui qui s'en était sevré lui-même depuis l'enfance, il en goûta toute la douceur, il y puisa la force, la patience, le soulagement. Pendant les quelques semaines qu'il vécut encore, assisté de ses deux amis, la face dévorée et le cœur content, ce vieux pécheur, dont la langue ne faisait plus que bégayer, mais l'âme toute remplie des espérances du ciel, cherchait tous les moyens de témoigner qu'il était heureux de souffrir tout ce qu'il endurait pour l'amour de Jésus-Christ.

Plus je réfléchis, ma chère cousine, sur la vie et sur les actions de votre père, plus j'y trouve un point qui me confond. On ne peut, en effet, s'expliquer comment un homme surchargé d'affaires, ainsi qu'il l'était, et l'esprit continuellement occupé de questions graves; un homme qui ne savait pas ce qu'était une journée de loisirs ; qui, pendant soixante ans que je l'ai connu, dépensait, pour les intérêts d'une ville entière et ceux du pays, tout ce qu'il avait d'intelligence et de forces; un homme qui appartenait à quiconque avait besoin de lui, et qui ajoutait chaque année quelque nouvelle entreprise de zèle ou de charité, à celles dont il était déjà chargé ; qui ne se négligeait en rien sur les soins à donner à sa famille, ni sur aucun de ses devoirs domestiques; de qui toutes les journées étaient pleines, qu'on voyait parfois s'étendre les bras, et crier, miséricorde! tant il se sentait excédé; qui, l'instant d'après, se remettait à l'œuvre comme s'il ne faisait que commencer; qui ne s'épargnait guère plus dans ses longues indispositions que lorsqu'il était en santé; comment cet homme a pu se maintenir dans la pratique la plus assidue de toutes les vertus chrétiennes, et s'avancer même chaque jour davantage, vers leur perfection. Un religieux qui se verrait, pendant une seule année, lancé dans ce tourbillon où s'agita la vie de votre père, y rencontrerait infailliblement la dissipation : il ne saurait plus comment se recueillir, il ne se connaîtrait plus lui-même, son âme serait exposée aux plus grands périls. Votre père retrouvait le calme, la paix, le recueillement, la pensée de Dieu, au moment où il prenait congé de son visiteur, en déposant la plume qui avait servi à une de ses compositions, en achevant de régler une affaire commerciale de première importance. Un tel privilège ne tient-il pas du miracle et d'où lui venait-il ? de sa foi, d'abord, qui était solide autant qu'elle était vive et qui régnait sur son âme d'une manière imperturbable. L'empire de cette foi s'étendait à toutes ses facultés; c'est à elle qu'il rapportait ses actions ; elle en était le principe et la fin ; foi sincère, foi aguerrie, qui avait passé par toutes les discussions, dissipé tous les sophismes; cette foi de laquelle saint Paul dit que le juste en vit; celle dont un autre apôtre déclare qu'elle s'affirme et se manifeste par les œuvres. De cette foi naissait ce zèle de mon oncle pour l'Église, auquel sa carrière tout entière rend témoignage : son culte pour Rome et pour la personne du Souverain Pontife, ses tristesses profondes à la pensée des persécutions qu'il prévoyait, son aversion pour les persécuteurs, la lutte obstinée qu'il engagea contre eux, dans ses discours et par ses écrits. Il était apprécié, et, dans la mesure où il le souhaitait, récompensé : Pie IX avait pour lui une haute considération. Je l'appris de la propre bouche du Souverain Pontife, je le sus de celle du cardinal Antonelli. Je n'ai pas besoin de rappeler l'occasion qui se présente à mon esprit, ni de rapporter l'accueil qui me fut fait, par cette Éminence, quand je parus devant elle, porteur d'une lettre de votre père. L'époque était critique, les démêlés très vifs, l'incertitude extrême; le secrétaire d'État dit ces paroles : « M. Kolb Bernard, le défenseur infatigable des droits du Saint-Siège. » Voilà un assez beau titre et mérité.

De ce même principe naissait en votre père le désir ardent de ramener à la bonne voie ceux qui s'étaient fourvoyés. Ce désir n'avait guère d'application dans son entourage immédiat ni chez ses associés. Il ne trouvait parmi eux que des émules et nul contradicteur ; mais où son zèle s'exerçait, c'était dans ses relations amicales avec plusieurs industriels du Nord, et un certain nombre de représentants. Il usait à leur égard d'une franchise complète. Souvent, il leur prêta des livres; et, sans leur être à charge, glissait quelques mots dans la conversation; si peu que l'occasion se présentait, il ne craignait nullement de faire sa profession de foi publique dans les repas, en d'autres réunions nombreuses, lors même qu'il savait que plusieurs hausseraient les épaules. Quant aux discussions sur ce sujet, il n'avait aucune raison de les craindre; nul apologiste contemporain n'était au-dessus de lui. Il était prêt, comme veut saint Paul des chrétiens, à rendre compte de tout ce qu'il croyait. Au commencement de sa première législature, revenant un jour de la séance, et rentrant dans son cabinet, il déposa son portefeuille sur la table de travail en poussant un gémissement : — « Je viens, dit-il, de voir Lamennais. Il était sur son banc, à l'extrême gauche, si changé, si cassé, si vieilli, si flétri, l'air si misérable, sa figure m'a fait mal; elle est sinistre; elle est d'un désespéré. Tu sais que nous

nous sommes connus jusqu'en 1826; j'étais au nombre de ses admirateurs : pauvre Lamennais! » Il ne m'en dit pas, ce jour-là, davantage. Quelques jours après, je sus qu'il avait essayé de rentrer en relations avec l'apostat, et que l'ouverture avait été repoussée. Il renouvela une ou deux fois la tentative avec aussi peu de succès; après un certain intervalle, toujours poussé par la pensée du malheur de cet homme, il réussit à échanger quelques phrases avec lui. M. de Lamennais avait reconnu son disciple des bons jours, il savait aussi ce qu'était ce disciple; ses premières réponses furent autant d'impiétés. Votre père y répondit en disant : « Pourtant, Monsieur, vous nous disiez jadis que l'Église catholique était l'unique moyen de régénérer le monde, de sauver la société. » — « Oui, dit l'incrédule, je disais cela quand j'étais prêtre. » — Sur cela, votre père reprit : « Monsieur, quand on a été prêtre, on l'est, on le sera toujours. » L'autre se tut en faisant mine de ne vouloir pas en entendre davantage. Il ne venait pas souvent aux séances. On sait qui étaient, non pas ses amis, puisqu'il n'en avait aucun, mais ceux qui le fréquentaient. Comme il n'y a pas de cas désespéré devant Dieu, votre père continua de prier pour le vieil impénitent.

D'après tout ce qui vient d'être dit, ce qu'il y a pour moi de plus clair au monde, c'est que la pensée dominante de votre père était Dieu. Élevé, par la tendance habituelle de son esprit, au-dessus du courant des choses humaines, du moment où il se trouvait désoccupé de sa besogne ordinaire, c'est vers

Dieu qu'il se tournait, comme par l'effet d'une attraction naturelle, ce mouvement était celui de l'aiguille aimantée se portant vers le nord; le pôle de ses pensées était Dieu. Un état si heureux était dû, en son principe, à l'action de la grâce; il ne saurait en être autrement, puisque la foi est un don de Dieu, mais il faut aussi y faire la part de sa fidélité. Mon oncle était arrivé à se posséder en paix, au milieu d'une vie très agitée, et à ne pas se dissiper parmi des devoirs très dissipants, parce qu'il ne cherchait point par plaisir la dissipation. Il pouvait dire avec saint Bernard : « Je ne goûte aucun livre si je n'y trouve Dieu, ni aucune société si je n'y suis appelé de Dieu. » Il ne donnait à la lecture des journaux que ce qui était l'indispensable, aux lectures légères, aux théâtres, aux divertissements publics, absolument rien. Il préférait un chapitre de l'*Imitation* dont il avait toujours un exemplaire sous la main. Il se plaisait à entendre la prédication. La plus simple pour lui était la meilleure; celle de son curé de campagne, endormeur de première classe, mort depuis nombre d'années, ne le rebutait pas; on y citait l'Évangile et cela lui suffisait, ce curé n'avait pas d'auditeur plus assidu. Il lui arriva, quand il était de liberté, d'assister au catéchisme des enfants et de s'en faire une fête, car il ne se lassait pas d'entendre parler des mystères de notre religion pas plus que de les méditer. Ces mystères, disait-il, sont, à mes yeux, une des plus fortes preuves de la vérité du christianisme. Je ne croirais pas à une religion qui serait taillée à la mesure de mon esprit, il doit nécessairement se rencontrer, dans le divin, des choses qui soient au-dessus de ma portée ; l'infini ne peut pas tenir dans le fini. Ce qu'il ne pouvait pas souffrir, c'est la prédication théâtrale, à grande déclamation, où le prédicateur pose, et prétend faire admirer son éloquence. Il suivit pendant un carême la prédication quotidienne de l'abbé Deguerry, curé de la Madeleine, parce qu'elle était sur l'évangile du jour, en forme d'homélie pratique, dans la simplicité d'une improvisation. Je le vis aussi plusieurs fois revenir enthousiasmé des prédications du Père Ventura ; il le préférait aux autres, parce qu'il trouvait en lui la substance de l'Évangile avec un commentaire très relevé.

La foi active de votre père, qui lui faisait retrouver facilement la pensée de Dieu, établissait en lui cette autre vertu de l'espérance, de la confiance filiale, qui est une compagne presque inséparable de la première. De là naissait cette piété tendre, affective, inépuisable dont nous avons tous été les témoins et qui fit la force en même temps que la consolation de sa vie. Je l'ai surpris plusieurs fois dans son cabinet à sa prière du matin ; il la faisait à genoux, et quand il se relevait, il y avait des larmes dans ses yeux. Dès qu'il entrait dans une église, et qu'il se trouvait en face du Saint-Sacrement, son âme était comme envahie et subjuguée. Dieu lui avait accordé cet esprit de prière, source des autres grâces, et, en plus de cela, le don des larmes. A la messe de chaque jour, il paraissait plongé dans une sorte de contemplation : immobile, les yeux fermés, souvent son foulard sur les yeux, de son cœur sortaient ces gémissements ineffables dont saint Paul parle dans son épître aux Romains, et qui sont en nous un mouvement sublime de l'Esprit saint, enseignant à l'âme du chrétien la vraie dévotion. Il n'était pas rare qu'on vît jusque sur le pavé la trace des larmes qu'il avait versées. De ce commerce intime avec Dieu il tirait cette force accompagnée de douceur, qui faisait comme la marque distinctive de son esprit.

En ses peines, qui n'ont pas toujours été petites, c'est vers Dieu que votre père se tournait, sans hésitation comme sans délai. Je rapporterai ici un fait déjà très ancien, mais qui peut servir, pour le reste, d'échantillon.

Lorsqu'il habitait encore la maison de la rue de Paris, pendant un des séjours que j'y fis, votre père vit mourir le fils qui était alors son unique fils, et qui vous avait suivi d'assez près dans la vie ; l'enfant n'avait pas plus de deux ans, et Dieu sait ce qu'il en avait coûté de soins et de veilles, pour le mener jusque-là. Sa constitution était des plus frêles et telle qu'on ne pouvait rien en attendre de bon ; mais quoique cette mort au berceau dût paraître une grâce du Ciel, et une délivrance pour celui qu'elle frappait, tel n'est pas le point de vue auquel se placent les parents. Votre père éclata en sanglots. Je n'avais pas encore vu pleurer ; c'était pour moi une nouveauté ; l'impression de cette grande douleur paternelle m'est encore présente ; elle m'a fait comprendre depuis avec quelle raison on a dit de votre père qu'il avait pour ses enfants un cœur de mère. Comment d'ailleurs celui qui aimait les enfants des autres n'aurait-il pas chéri les siens ? aucun d'eux ni aucun des enfants de ces enfants a-t-il jamais été dans la peine que votre père n'en portât la moitié ? Ce n'est qu'au pied de l'autel qu'il chercha et qu'il trouva la résignation; de là lui vint alors, sinon la consolation, du moins la force de porter le sacrifice de son enfant, le plus grand qu'on pût lui demander ; et ce n'est que par l'assistance d'en haut, qu'il sut dire : « Dieu me l'avait donné, Dieu me l'a repris, que son saint nom soit béni ! »

Permettez-moi de rapporter ici des paroles du Père Alvarez, le confesseur de sainte Thérèse, que le Père Du Pont, son historien, nous a transmises : « Faire oraison, disait cette homme consommé dans « la connaissance des voies de Dieu, c'est élever « notre esprit à Dieu, communiquer familièrement, « quoique d'une manière très respectueuse, de toutes « nos affaires avec lui, nous confier en lui plus qu'un « enfant ne se confie en sa mère, lui offrir tout ce « que nous possédons, tout ce que nous espérons, « sans nous en rien réserver, lui ouvrir notre cœur « et le répandre en sa présence, lui parler de nos « travaux, de nos péchés, de nos désirs, de nos pro- « jets, de tout ce qui occupe notre âme, enfin cher- « cher près de lui notre consolation, notre repos, « comme un ami à son ami, qu'il sait être digne de « toute sa confiance. » Ce passage me paraît rendre au naturel l'état d'âme de votre père, son attitude vis-à-vis de Dieu, la manière dont il comprenait et mettait en pratique le mot de saint Paul : « La piété sert à tout » ; ce n'est pas sans un enseignement reçu de Dieu lui-même, qu'on arrive là.

Sur ce sujet de l'intervention divine dans les choses humaines, j'ai, à plusieurs reprises, entendu énoncer à mon oncle une belle pensée : « Dieu, disait-il, ne « gouverne pas les hommes par masses, il les mène « individuellement. Il n'est pas comme le chef d'ar- « mées, qui fait marcher telle division ou tel régi- « ment, sans attention particulière à chacun de ses « hommes ; c'est chaque homme au contraire qu'il « considère et qu'il fait avancer, suivant qu'il lui « plaît. » Cette considération si juste l'aidait à voir, comme on dit, les choses en Dieu, et, dans les accidents de la vie, une disposition de la Providence. C'est de cette saine et sainte philosophie qu'il tirait de quoi ne s'émouvoir pas là où d'autres s'exaspèrent. En cent rencontres soudaines, pour une porcelaine cassée, une chaudière renversée, un appareil brisé, que ce fût ou non par la maladresse de ses gens, il disait plaisamment à ceux qui se fâchaient : « Qui est-ce qui se souviendra de cela dans cinquante ans ? » Vous savez assez, et j'ai assez dit de quels excellents et saints amis il vivait entouré, et comment ses amis étaient ses coopérateurs dans le bien. Gens de foi, prêts au sacrifice, ne reculant pas devant les difficultés, aucun d'eux, à mes yeux, n'égalait mon oncle dans la pratique de la confiance en Dieu. C'est à lui qu'il était donné d'affermir ou de relever leur courage. J'eus deux ou trois occasions de constater cette vérité. Ces occasions étaient celles de quelque nouvelle œuvre de charité que mon oncle proposait et dont il prenait l'initiative. On se récriait parfois ; on alléguait, non sans quelque fondement, les œuvres existantes, leur état précaire, leurs nécessités, ce qu'il en coûtait pour les soutenir. A ces arguments votre père répondait par un grand geste, accompagné de ces simples paroles : « Ah bah ! Dieu qui soutient les autres, ne saura-t-il pas aussi soutenir celle-ci ? est-il à court de moyens ? » Il ne souffrait pas qu'on amoindrît l'action de la Providence ; sur ce sujet-là, avec les esprits trop méticuleux et calculateurs, il était exposé à perdre patience.

D'autres paroles qui venaient fréquemment aux lèvres de votre père, c'étaient celles-ci : « Que Dieu est bon ! Comme il nous est venu en aide ! comment pourrons-nous jamais assez le remercier ! » Ou d'autres semblables, où se peignaient tout à la fois sa reconnaissance envers Dieu, son amour pour Dieu. « Que Dieu a été bon pour moi ! » me disait-il à notre dernier entretien à Lambersart. En disant cela, il renversait la tête sur son grand fauteuil, portait la main à son front, et accompagnait ce geste d'un regard plus expressif encore que la parole. Dans ce regard on lisait l'amour pour Dieu qui débordait d'un cœur reconnaissant.

Tels étaient bien aussi les sentiments de ce cœur : la reconnaissance envers Dieu, l'amour pour lui. La foi vive, la confiance sans bornes qui dirigeaient cette grande âme trouvaient leur complément dans la charité, cette vertu qui l'emporte encore sur les autres, et qui est une communication de l'esprit de Dieu lui-même à l'esprit de l'homme ; par conséquent, la plus divine des vertus, par cela même aussi la plus agissante ; une vertu qui, suivant la pensée de saint

Jean, ne se paye pas de paroles, mais va aux effets. C'est par elle que, suivant une autre expression du même apôtre, celui qui aime Dieu aime aussi son frère, manifestant ainsi, par ses œuvres extérieures, le don caché qu'il a reçu du ciel.

En cela, que peut-on ajouter à ce qui a paru chez mon oncle dans tout le cours de son existence sur la terre ? n'y a-t-il point passé en faisant le bien ? n'a-t-il pas suivi, chaque jour, ce programme tracé par Notre-Seigneur : « Que les hommes voient vos bonnes œuvres, et qu'ils glorifient votre père qui est aux cieux ? » Ne l'a-t-on pas vu réaliser en sa personne le mot cité plus haut de la prière en usage parmi les membres de la conférence qu'il présidait : « Faites, Seigneur, qu'ils versent avec joie leurs biens dans le sein des pauvres, et qu'ils finissent par se donner eux-mêmes » ? Nommera-t-on une seule œuvre de bienfaisance chrétienne à laquelle votre père, directement ou indirectement, n'ait donné son concours ? vous savez comme il détestait, comme il flétrissait l'individualisme. L'égoïste à ses yeux était un être méprisable et réprouvé. D'où naissait cette aversion ? de ce qu'il portait au cœur cette charité de laquelle saint Paul dit, qu'elle ne recherche pas son propre avantage, et qu'il la possédait en la perfection qui nous est signalée par ces paroles de l'Apôtre.

Là toutefois ne se borne pas le règne de la charité dans une âme ; elle y produit cet autre effet : que celui qui aime Dieu, aime cette volonté de Dieu, désire voir en soi l'accomplissement de sa volonté, réalise en soi, dans la mesure de ses forces, ce qu'il demande en sa prière de chaque jour à Dieu lui-même ; — Que votre volonté soit faite sur la terre comme elle l'est au ciel. Que telle fut la disposition quotidienne de votre père, c'est su de tous ceux qui l'ont connu. Je ne dirai pas de lui qu'il acceptât la volonté de Dieu ; qu'il s'y soumît ; qu'il la portât comme un serviteur porte le joug. La vérité va bien au delà, car elle est que votre père aimait la volonté de Dieu. Il la cherchait et, quand il l'avait trouvée, il se réjouissait ; il se félicitait de sa découverte comme d'une trouvaille ; tout son soin était d'en tirer profit ; la volonté de Dieu est ce qu'il préférait à tout. Voilà ce que j'ai vu assez paraître dans ces longues défaillances du corps qu'il éprouva, vers l'époque où il fut, pour la première fois, nommé représentant. J'étais alors son confident. Se promenant le long des allées de son jardin de Lambersart, il me disait : « Je ne me flatte pas, je suis épuisé, je sens que je vais mourir ; je le reconnais à des signes certains. Je gémis de laisser mes enfants dans un âge aussi tendre, je sens à quel point je suis attaché à ces enfants ; c'est mon sacrifice : il est fait ; je dis à Dieu, votre volonté avant tout »... et la volonté de Dieu fut qu'il vécut quarante autres années !

La même cause produisait en lui une autre espèce de détachement qui n'est pas moins rare, et qui ajoute beaucoup au mérite de nos actions. Elle faisait que mon oncle n'éprouvait ni l'ambition des honneurs, ni le sentiment de la vaine gloire. Il n'était pas, comme tant d'autres, modeste en apparence ; il l'était en réalité. Son éloignement de tout faste et de toute magnificence ne connaissait pas d'autres bornes que celles de la bienséance. Il ne donnait rien au luxe ; autour de lui, une simplicité sévère ; dans les appartements, dans les meubles, dans l'ajustement de la personne, le nécessaire, l'utile, rien de plus. Dans la tenue des jardins, la propreté, l'ordre et nulle recherche de plantes rares ; nul goût non plus pour aucune de ces frivolités curieuses qui deviennent chez tant d'autres une passion. Un religieux des plus réformés n'est pas plus détaché des meubles mis à son usage, qu'il ne l'était des siens. Ce qui sent le faste lui était odieux. Ne pouvait-il aller à pied ? il prenait une voiture sur la place, et ne connut jamais d'autre équipage. Il fallait qu'en cela ma tante se conformât au goût de son mari, ce qui lui était d'autant plus facile qu'elle était la simplicité même.

Quant à ses œuvres de charité nul n'en entendait parler, elles restaient ensevelies dans un silence absolu. Mon oncle parlait très peu de lui-même; il n'était pas de ces soi-disant humbles à qui leurs belles actions, et parfois exagérées, viennent continuellement à la bouche, et dont la conversation débutera infailliblement par des : je disais cela ; — je faisais cela ; — j'ai donné cet avis ; — j'ai vu qu'on se trompait ; — sans moi tout était perdu — et qui se persuadent sottement qu'en se mettant ainsi en avant, ils glorifient Dieu et servent le prochain ; gens qui ne savent que parler d'eux-mêmes, et se faire valoir à tous propos. On ne saurait croire à quel point cette fatuité était éloignée du cœur de mon oncle. J'étais souvent tenté de lui reprocher l'excès de sa modestie, l'exagération de sa discrétion ; beau défaut, auquel peu de gens sont exposés ! David disait : « Seigneur, ne nous donnez pas la gloire à nous-mêmes ; ne nous la donnez pas ; qu'elle soit pour votre saint nom ! » Vrai sentiment d'une âme qui, comme celle de ce roi-prophète, est remplie de l'amour de Dieu, votre père pensait de même, disait de même, et pour la même raison, il supportait fort bien une humiliation. Lui montrait-on qu'il avait tort ? il en convenait ; fallait-il céder pour une bagatelle, devant l'entêtement d'un contradicteur ? il cédait ; y avait-il lieu, pour une faute quelconque, d'offrir uue excuse ? il l'offrait, et de très bonne grâce ; peu d'hommes ont été plus insensibles à la louange ou moins accessibles à la flatterie. De même, resta-t-il étranger au respect humain ; je l'ai vu, en chemin de fer, réciter son chapelet.

Là où éclatait par-dessus tout l'amour de votre père pour la personne adorable de Notre-Seigneur Jésus-Christ, c'était d'abord, au pied du crucifix, devant lequel il ne manquait pas de répandre son âme chaque matin et chaque soir ; puis devant le tabernacle, à la sainte messe, là où sa foi lui faisait voir la présence réelle du Sauveur. Comme David, il pouvait s'écrier : « Que vos tabernacles me sont chers, ô Seigneur, mon cœur se pâme de désir, dès l'entrée de vos parvis ! » Il aimait à se servir des psaumes, il suivait facilement le vol du prophète, jusqu'aux sommets où l'Esprit saint l'a porté ; son cœur battait à l'unisson avec les transports de ces cantiques sacrés. Quand il était au village, et se trouvait empêché, par l'heure, d'assister à la messe qui s'y dit en semaine, il ne laissait pourtant point passer la matinée sans se rendre à l'église et y faire son heure d'adoration. Il continua jusqu'à son extrême vieillesse, alors même que plusieurs incommodités auraient dû l'arrêter ; forcé de compter avec ses propres forces et de relâcher sur plusieurs devoirs de famille ou de société, il ne rabattit jamais rien de ce qui regardait le service de Dieu. Les années n'avaient pas refroidi son zèle, l'attrait qui le portait vers les autels ne s'était pas affaibli ; les jambes qui commençaient à refuser leur service, semblaient prendre une nouvelle vigueur lorsqu'il s'agissait d'aller trouver Dieu. Il y alla donc encore le dernier jour de sa vie, par un privilège qu'on peut appeler unique en un pareil âge, à pied, soutenu sur le bras d'un domestique, par un matin de printemps, un jour de dimanche, il se transporta jusqu'à Saint-Sulpice sa paroisse et communia à la messe qu'il entendit. En revenant, il éprouvait un bonheur qu'il ne pouvait taire, il sentait ce matin-là un besoin d'expansion qui ne lui était pas ordinaire. Vers la fin du jour, sa piété reçut une nouvelle consolation, inattendue autant que désirée. Son gendre, Émile Masquelier, se trouva chargé par l'un de ses meilleurs et plus intimes amis, l'éloquent sénateur Chesnelong, qui arrivait de Rome, de lui porter cette bénédiction de Léon XIII qui aurait dû ne parvenir que plus tard. Vous savez cela, et vous savez le reste ; et comme il dit à son fils Fernand et répéta, à plusieurs reprises, le contentement qu'il avait de cette bénédiction, et comme il le redit encore à ses gens en se mettant au lit, et comme il s'endormit sous cette bénédiction sainte, qu'accompagnait l'indulgence plénière, pour se réveiller dans l'éternité !

Pretiosa in conspectu Domini mors sanctorum ejus.

Je le dis en finissant, que les enfants d'un tel père gardent précieusement sa mémoire. Chaque souvenir de cette longue et belle vie les fera avancer dans le chemin de la vertu, et les aidera à parvenir jusqu'à la parfaite union avec Jésus-Christ.

A eux fraternellement en Notre Seigneur.

Ernest LE LIEPVRE,
Prêtre.

HAVRE. — IMPRIMERIE LEMALE ET Cie, 3, RUE DE LA BOURSE.

www.ingramcontent.com/pod-product-compliance
Ingram Content Group UK Ltd.
Pitfield, Milton Keynes, MK11 3LW, UK
UKHW021100260726
13994UKWH00002B/605